Accessoires schnell und einfach Stricken

Silvia Krog

Accessoires schnell und einfach Stricken

Bibliografische Information der Deutschen Nationalbibliothek:
Die Deutsche Nationalbibliothek verzeichnet diese Publikation in der Deutschen Nationalbibliografie; detaillierte bibliografische Daten sind im Internet über
http://dnb.dnb.de abrufbar.

Herstellung und Verlag: BoD – Books on Demand, Norderstedt

ISBN: 978-3-**7448-9639-9**

Inhalt

Bei den mehr als 20 Modellen in diesem Buch handelt es sich durchweg um sehr leicht zu strickende Teile.

Sie finden Stulpen, Tücher, Schals, Handschuhe, Cowls und vieles mehr.

Grundkenntnisse wie rechte und linke Maschen stricken vorausgesetzt, eignen sie sich sehr gut für Anfänger oder auch Wiedereinsteiger. Aber auch für alle, die ein schnelles, einfaches Projekt für zwischendurch suchen.

Sie sind ausführlich und zum Teil mit Bilderlehrgängen erklärt. Die Anleitungen sind bewußt einfach und ohne Abkürzungen geschrieben.

Das erste Projekt, die Pulswärmer, wird besonders genau mit vielen Bildern erklärt. Es wird beschrieben, wie man Maschen anschlägt und alles Weitere bis hin zum Abketten. Wer noch nicht so viel gestrickt hat, sollte sich erstmal hieran versuchen.

Es finden sich zahlreiche zusätzliche Tips im Buch, wie zum Beispiel Stricken in der Runde, Perlen einstricken, Fransen arbeiten, eine I-Cord arbeiten, Konfektionieren und Spannen, die gerade für Anfänger nützlich sind.

Garn ersetzen

In vielen Fällen werden Sie nicht das Originalgarn verwenden können oder wollen. Ersetzen Sie das Garn nur durch Garn für die gleiche Nadelstärke, das die gleiche Maschenprobe ergibt. Diese werden beide auf der Banderole angegeben.

Die Lauflänge ist dagegen eher für die Berechnung des Garnverbrauchs maßgebend. Ersetzen Sie also ein Garn durch ein anderers mit höherer Lauflänge, werden Sie weniger Garn verbrauchen und umgekehrt von einem Garn mit geringerer Lauflänge werden Sie mehr verbrauchen.

Maschenprobe

Fertigen Sie vor dem Stricken immer eine Maschenprobe an. Verwenden Sie die angebene Nadelstärke. Die Maschenprobe sollte mindestens ca. 15 / 15 cm im Quadrat werden, dann die Maschen auf 10 cm in der Höhe und der Breite auszählen. Dafür gibt es praktische Schablonen, die man sich aus einem Stück Pappe, in das man ein entsprechend großes Fenster schneidet, natürlich auch selbst herstellen kann.
Ergibt Ihre Maschenprobe weniger Maschen, sollten Sie dickere Nadeln wählen. Umgekehrt dünnere, wenn Ihre Maschenprobe mehr Maschen ergibt. Alternativ können Sie auch versuchen, fester oder lockerer zu stricken. Aber meist hat jeder seine bestimmte Art zu stricken, eine Strickhandschrift sozusagen.

Wenn man vor jedem Strickstück eine Maschenprobe in der gleichen Größe an-fertigt, kann man die Probeläppchen nachher zu einem Kissen oder einer Decke im Patchworkstil zusammen nähen. Dann war die Arbeit nicht ganz umsonst.

Pflege

Sockenwollgarn und auch andere Garne sind manchmal superwash ausgerüstet, das heißt, sie können im Wollwaschgang der Waschmaschine gewaschen werden. Dies trifft auch auf viele Kunstfasergarne zu, Hinweise finden Sie auf der Banderole. Aber die meisten Garne aus Schafwolle oder auch Alpaka und Mohair müssen schonend per Hand gewaschen werden. Dafür sind sie aber auch praktisch selbstreinigend und müssen selten gewaschen werden. Falls sie schlecht riechen genügt meist auslüften an der kalten und feuchten Nachtluft und schon sind sie wieder frisch. Flecken am besten sofort wegtupfen und behandeln, bevor sie in die Wolle einziehen.

Sollte doch einmal eine Wäsche nötig werden, am besten in lauwarmem Wasser mit Wollwaschmittel baden. Nicht zu sehr drücken und nicht reiben, keine Temperaturunterschiede, zum Beispiel beim Spülen, die Wolle filzt sonst. Die Wolle nach dem Spülen sanft ausdrücken und abtropfen lassen. Dann in Frottéetücher einwickeln und ausdrücken, gegebenenfalls mehrere trockene Tücher verwenden. Anschließend liegend trocknen lassen, nicht in der Nähe der Heizung und nicht im Sonnenlicht.

Die Wolle trocknet sehr langsam, sie nimmt Feuchtigkeit langsam an und gibt sie auch langsam wieder ab. Rechnen Sie also ruhig mit 24 Stunden, manchmal auch noch länger. Die Wolle kann sich außen schon trocken anfühlen, ist aber im Innern noch feucht. Wenn Sie sie so in den Schrank packen, fängt sie irgendwann an zu müffeln.

Wolle kann bei der entsprechenden Einstellung am Bügeleisen gebügelt werden. Ist sie sehr verknittert, hilft das Dämpfen unter einem feuchten Tuch.

Pulswärmer

Die Pulswärmer sind das typische Anfängerprojekt, um das Stricken in der Runde zu erproben. Sie brauchen nur 50 g Garn und mit dicken Nadeln Nr. 5 sind sie schnell zu arbeiten. Anhand dieses kleinen Projekts wird gezeigt, wie man Maschen aufnimmt, in der Runde strickt, Maschen links verschränkt zunimmt und Maschen abkettet.

Material:

Sie brauchen 50 g Garn passend für Nadelstärke 5
Die Lauflänge sollte ungefähr 80 m / 50 g betragen.
Außerdem benötigen Sie 4 Strumpfstricknadeln Nr. 5 und eine Wollnähnadel um die Fäden zu vernähen

Maschenprobe :

Die Maschenprobe sollte glatt rechts mit Nadeln Nr. 5 gestrickt bei 14 Maschen und 20 Reihen 10/10 cm ergeben

Zunächst 24 Maschen anschlagen. Ich stricke die Maschen auf. Es gibt viele verschiedene Arten, die Maschen anzuschlagen. Ich verwende am liebsten diese. Aber das ist natürlich Geschmacksache. Dafür zunächst den Faden um die Nadel legen und unten einmal um sich selbst schlingen.

Dies ist die erste Masche. Hier von vorne nach hinten mit der zweiten Nadel einstechen und den Faden durchziehen.

Die Masche von der rechten auf die linke Nadeln schieben und wieder den Faden durch holen für die nächste Masche.

So 24 Maschen anschlagen. Die erste Reihe stricken, dabei jeweils eine Masche rechts, eine Masche links für das Rippenmuster stricken.

Nach 8 Maschen jeweils eine neue Nadel nehmen und so die 24 Maschen auf 3 Nadeln verteilen.

Nach dem Stricken der 3. Nadel die Runde schließen, indem man wieder die 1. Nadel strickt. Beim Übergang den Faden etwas fester anziehen und aufpassen, dass man die Maschen auf den Nadeln nicht verdreht hat.

Weiter 1 Masche rechts, eine Masche links stricken bis 8 cm Höhe.

Dann vor und nach jeder linken Masche jeweils eine Masche links verschränkt zunehmen.

Dafür in den Querfaden zwischen den beiden Maschen von vorne einstechen.

Den Querfaden auf die linke Nadel heben

Den Faden vor die Arbeit legen, von rechts einstechen und die Masche links abstricken.

Insgesamt sind jetzt 16 Maschen auf jeder Nadel. Die Maschen weiter stricken wie sie erscheinen, bis 11 cm Gesamthöhe.

Dann noch einmal auf dieselbe Weise jeweils nach jeder rechten Masche 1 Masche links verschränkt zunehmen. Jetzt sind 20 Maschen auf jeder Nadel.

So weiter stricken bis 14 cm Gesamthöhe, dann die Maschen abketten.

Zum Abketten je 2 Maschen stricken (mustergerecht, also rechte Maschen rechts, linke Maschen links)
und die zuerst gestrickte Masche über die 2. Masche ziehen, so dass nur noch eine Masche auf der rechten Nadel verbleibt.

Dann wieder eine Masche stricken und die 1. über die 2. ziehen.

So fortfahren, bis alle Maschen verbraucht sind.

Den Faden abschneiden und mit der Wollnähnadel (dicke Stopfnadel) durch die letzte Masche ziehen und gut vernähen, indem man innerhalb der Maschen mehrmals vor und wieder ein Stück zurück näht.

Stirnband mit Zopf

Dieses Stirnband wird aus einer dicken Dochtwolle schnell und einfach gestrickt. Das Muster ist auch für Anfänger gut zu bewältigen. Die Maße betragen 10 cm in der Höhe und 52 cm im Umfang ungedehnt, das Stirnband zieht sich durch das Muster etwas zusammen und ist dehnbar bis ungefähr 58 cm.

Material
50 g Eskimo Mix von Drops   Farbe21   100 % Wolle   Lauflänge 50 m / 50 g
1 Paar Stricknadeln Nr. 8,   1 Zopfmusternadel (Hilfsnadel)
1 Wollnähnadel um die Fäden zu vernähen

<u>Maschenprobe</u>:
Da das Strickstück nur 10 cm breit wird, entfällt eine extra Maschenprobe. Mit 14 Maschen Anschlag sollte das Stirnband 10 cm breit werden. Wenn das bei Ihnen nicht der Fall ist, auf dünnere oder dickere Nadeln wechseln.

<u>Anleitung</u>
14 Maschen mit Nadeln Nr. 8 anschlagen.

<u>Randmasche:</u>
Einen Kettmaschenrand arbeiten. Dafür die erste Masche jeder Reihe wie zum links stricken nur abheben, nicht stricken. Der Faden liegt vorne. Dann den Faden nach hinten legen und die nächte Masche rechts stricken.

Zopfmuster:

Hinreihe: alle Maschen rechts stricken

In der nächsten Reihe die Maschen für das Muster wie folgt einteilen:

Rückreihe: 4 Maschen rechts, 6 Maschen links (für den Zopf), 4 Maschen rechts

Diese beiden Reihen immer wiederholen.

In der 11. Reihe die mittleren 6 Maschen verzopfen (Verzopfung immer auf der rechten Seite).
3 Maschen auf der Zopfmusternadel stilllegen (oder auf einer Hilfsnadel, z.B. einer Strumpfstricknadel), dann die folgenden 3 Maschen rechts stricken und anschließend die 3 Maschen auf der Hilfsnadel stricken.

Die Verzopfung jeweils nach 10. Reihen wiederholen

In ca. 51 cm Höhe die Maschen abketten. Darauf achten, das zum Ende hin noch einmal verzopft wird, damit das Muster beim zusammennähen stimmt.

Abketten: 2 Maschen stricken (mustergemäß), dann in die 1. Masche mit der linken Nadel einstechen und über die zweite Masche ziehen, wieder 1 Masche stricken und wieder die 1. über die 2. Masche ziehen. So weiter abketten, bis alle Maschen verbraucht sind. Den Faden lang abschneiden (braucht man noch zum zusammennähen) und einmal durch die letzte Masche ziehen.

Zusammennähen: Die beiden kurzen Kanten parallel nebeneinander legen. Die linke Seite des Stirnbandes liegt oben. Abwechselnd einmal von unten, dann von oben den Faden durch die unteren und oberen Maschen ziehen.

Zum Schluß alle Fäden vernähen.

Mütze mit Strukturmuster

Die Mütze mit Strukturmuster ist im elastischen Rippenmuster gearbeitet. Das verarbeitete Garn ist ein Dochtgarn, das schön weich und flauschig ist, da sieht man nicht gleich jeden Fehler.

Die Weite beträgt ungedehnt 34 cm, durch das Rippenmuster ist die Mütze sehr elastisch und bis ca. 60 cm dehnbar, so dass sie eigentlich für jede Kopfweite passen müsste. Die Höhe beträgt 24 cm. Man kann die Mütze auch noch länger arbeiten und den unteren Rand dann umschlagen.

Material

100 g Eskimo von Drops Farbe 57, 100% Schurwolle
Lauflänge 50 m / 50 g
 1 Nadelspiel Nr. 8

Maschenprobe

Mit Nadeln Nr. 8 glatt rechts gestrickt : 11 Maschen in der Breite und 15 Reihen in der Höhe ergeben 10 x 10 cm. Ergibt Ihre Maschenprobe weniger Maschen, sollten Sie dickere Nadeln wählen. Umgekehrt dünnere, wenn Ihre Maschenprobe mehr Maschen ergibt. Alternativ können sie auch versuchen, fester oder lockerer zu stricken. Aber meist hat jeder seine bestimmte Art zu stricken, eine Strickhandschrift sozusagen.

Anleitung
60 Maschen mit Nadeln Nr. 8 anschlagen, auf 4 Nadeln (15 pro Nadel) verteilen, zur Runde schließen und in Runden weiter stricken.

1 Masche rechts, 1 Masche links im Wechsel stricken für das Bündchen bis 9 cm Höhe.

Dann im Strukturmuster weiter stricken.

1 Runde linker Maschen stricken.

*3 Runden 1 Masche rechts, 1 Masche links im Wechsel stricken,
1 Runde linke Maschen stricken*

Von * bis * noch 5 mal wiederholen.

Zum Abschluss noch 3 Runden 1 Masche rechts, 1 Masche links im Wechsel, dann mit den Abnahmen beginnen.

Dafür in der nächsten Runde (linke Maschen) je 2 Maschen links zusammen stricken (noch 30 Maschen).

Eine Runde rechte Maschen ohne Abnahmen stricken.

In der nächsten Runde (rechte Maschen) wieder je 2 Maschen zusammen stricken (noch 15 Maschen).

Eine Runde ohne Abnahmen stricken.

In der nächsten Runde wieder je 2 Maschen zusammen stricken, dann den Faden abschneiden, in die Wollnähnadel fädeln und durch die restlichen Maschen ziehen. Den Faden vernähen.

Mütze mit Zöpfen

Die Mütze wird mit Nadelstärke 5 aus einem Farbverlaufsgarn aus reiner Wolle gestrickt. Die dicken Zöpfe sind dekorativ und machen die Mütze noch wärmer. Man kann die Mütze wahlweise mit kurzen Rundstricknadeln oder mit einem Nadelspiel stricken.

Wenn man sich für Rundstricknadeln entscheidet, braucht man für die letzten Runden doch noch das Nadelspiel, weil für die Rundstricknadel nicht mehr genug Maschen auf der Nadel sind.

Die Mütze wird ca. 50 cm weit (ungedehnt, dehnbar bis ca 60 cm) und ca. 23 cm hoch.

Material
100 g Drops Big Delight 100 % Wolle Lauflänge 190 m/ 100 g in Farbe 10
Kurze Rundstricknadeln Nr. 5 (Gesamtlänge 40 cm) und 1 Nadelspiel Nr. 5
Oder: Nadelspiel Nr. 5, 1 Zopfmusternadel

Maschenprobe
Mit Nadel Nr. 5 glatt rechts gestrickt ergeben 17 Maschen und 22 Reihen = 10 x 10 cm

Anleitung
88 Maschen mit Nadeln Nr. 5 anschlagen und auf 4 Nadeln verteilen, das sind 22 je Nadel und zur Runde schließen. Oder mit der Rundstricknadel stricken.

Mit Nadeln Nr. 5 6 cm im Bündchenmuster (2 Maschen rechts, 2 Maschen links im Wechsel) stricken.

1 Runde linke Maschen stricken und dabei gleichmäßig verteilt in der Runde 12 Maschen zunehmen   (= 100 Maschen)

Zopfmuster
Je 8 Maschen rechts und 2 Maschen links im Wechsel stricken.
10 Runden so stricken, dann die rechten Maschen verzopfen,

dafür 4 Maschen auf die Zopfmusternadel nehmen und vor die Arbeit legen,

die nächsten 4 Maschen stricken,

dann die 4 Maschen auf der Hilfsnadel stricken.

Das Verzopfen alle 10 Reihen wiederholen.

So weiter stricken bis in 21 cm Höhe, dann mit den Abnahmen beginnen.

Hierfür je 2 Maschen zusammenstricken, dabei die Musterfolge beachten und jeweils rechts oder links zusammen stricken, je nachdem wie die Maschen erscheinen.

1 Runde ohne Abnahme stricken, in der nächsten Runde wieder abnehmen, indem man je 2 Maschen zusammen strickt.

Die nächste Runde ohne Abnahmen stricken.

Die Abnahmen noch zweimal wie beschrieben wiederholen, den Faden abschneiden, durch die restlichen Maschen ziehen und gut vernähen.

Rundschal

Dieser Rundschal im doppelten Perlmuster ist aus einem besonders leichten und weichen Alpakagarn gestrickt, das auch für empfindliche Haut geeignet ist. Die schöne weinrote Farbe ist für Männer und Frauen tragbar. Das doppelte Perlmuster strickt sich leicht und angenehm und sieht interessant aus.

Der Schal ist 125 lang und ungefähr 25 cm breit. Man kann ihn zweimal um den Hals schlingen. Die Breite ist einfach durch Aufnahme von mehr Maschen zu verändern. Ebenso die Länge, indem man einfach länger strickt, dann entsprechend mehr Garn einplanen.

Material
100 g Drops Air 70 % Alpaca, 23 % Polyamide, 7 % Wool, Lauflänge 150 m/ 50 g, in Farbe 07
Stricknadeln Nr. 5

Maschenprobe :
Glatt rechts mit Nadeln Nr. 5 ergeben 17 Maschen / 22 Reihen = 10 / 10 cm

Muster :
Doppeltes Perlmuster:

1.Reihe: 1 Masche rechts, eine Masche links im Wechsel stricken

In der 2. Reihe die Maschen stricken wie sie erscheinen,

In der 3 . Reihe die rechten Maschen links und die linken Maschen rechts stricken.

In der 4. Reihe wieder die Maschen stricken, wie sie erscheinen.

Die 1. bis 4. Reihe immer wiederholen.

Randmasche : Die erste Masche wie zum links stricken abheben mit dem Faden vor der Arbeit, nicht stricken (Kettmaschenrand).

Anleitung

44 Maschen mit Nadeln Nr. 5 anschlagen

Dann im doppelten Perlmuster weiter stricken bis 125 cm Höhe. Alle Maschen abketten, dabei das Muster beachten. Den Faden abschneiden, lang genug lassen, damit man damit den Schal zusammen nähen kann. Die Schmalseiten zusammen nähen und alle Fäden vernähen.

Tip: Für einen normalen Schal, der nicht zusammen genäht wird, ca. 200 cm lang stricken.

Brautstulpen aus Mohair

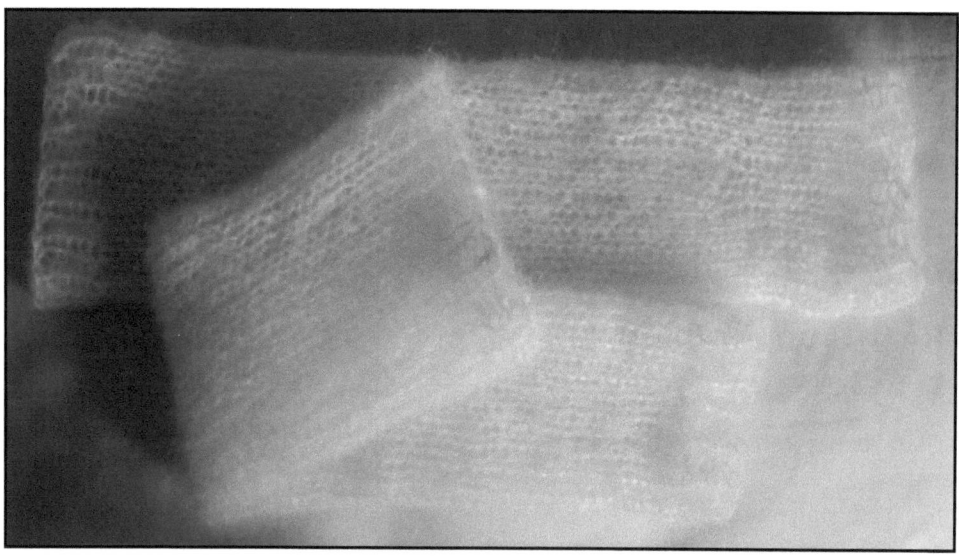

Die etwas längeren Stulpen aus Kidmohair mit Seide werden doppelfädig gestrickt, sie sind leicht transparent, aber warm. Für kühlere Tage, damit die Braut nicht friert. Natürlich sind diese Stulpen nicht nur für Bräute geeignet, auch sonst sind sie gut tragbar.

Es gibt dieses Garn in vielen schönen Farben. Die gesamte Länge beträgt 43 cm. Man kann sie bis über den Ellbogen ziehen oder auch zusammmen schieben und dann kürzer tragen. Die Stulpen sind ohne Daumenloch gearbeitet, so lassen sie sich wahlweise weit über die Hände ziehen oder auch nicht.

Material

50 g Drops Kid-Silk (2 Knäul á 25 g) in Farbe 01 Natur, 75 % Kidmohair 25 % Seide Lauflänge 200 m / 25 g

1 Nadelspiel Nr. 6 (am besten etwas raue Bambusnadeln, dann rutschen die Maschen nicht so leicht von der Nadel)

1 Wollnähnadel, um die Fäden zu vernähen

Maschenprobe

Doppelfädig gestrickt in glatt rechts mit Nadeln Nr. 6 ergeben 14 Maschen in der Breite und 20 Maschen in der Höhe 10 x 10 cm

Anleitung

24 Maschen mit Nadeln Nr. 6 anschlagen, auf 3 Nadeln verteilen (8 pro Nadel) und zur Runde schließen. In Runden weiter stricken.

Für das Bündchen 1 Masche rechts, 1 Masche links im Wechsel stricken bis 6 cm Höhe.

Glatt rechts weiter stricken.

In 10 cm Höhe beiderseits der 1. Masche der 1. Nadel je 1 Masche rechts verschränkt aus dem Querdraht zunehmen.

Dies noch je einmal nach 20 cm und nach 30 cm Höhe wiederholen.

Weiter stricken bis 40 cm Höhe. Dann noch 3 cm im Bündchenmuster stricken und alle Maschen abketten.

Die gleichen Stulpen in buntem Farbverlaufsgarn. Gestrickt werden sie aus doppel-fädig verstricktem Silkhair von Lana Grossa.

Material:

50 g Lana Grossa Silkhair Print Farbe 310, 70 % Mohair, 30 % Seide, Lauflänge ca. 420 m / 50 g
1 Nadelspiel Nr. 6
1 Wollnähnadel um die Fäden zu vernähen

Die Stulpen nach obiger Anleitung ebenfalls doppelfädig stricken.

Doppelfädig mit dem 50 g Knäul stricken:
Entweder mit dem Anfangsfaden und dem Faden innen aus dem Knäul stricken oder den Faden vor dem Stricken doppelt aufwickeln. Auf jedem Fall werden interessante Mischtöne entstehen.

Mit dem Rest habe ich noch einen Schal gestrickt. Der Schal wird ganz dünn und leicht und kann mehrfach wie ein Cowl um den Hals geschlungen oder auch lang wie ein Schal getragen werden. Die fertige Länge beträgt ca. 250 cm und ca. 23 cm Breite.

Der Schal wird einfädig gestrickt. Mit Nadeln Nr. 6   32 Maschen anschlagen und kraus rechts stricken (in Hin- und Rückreihen rechte Maschen stricken). So weiter stricken bis das Garn fast alle ist.

Das war bei mir bei 250 cm der Fall. Natürlich können Sie den Schal auch entsprechend breiter und kürzer stricken.

Dann alle Maschen abketten und die Fäden vernähen.

Mütze im Patentmuster

Die Mütze wird im bekannten Patentmuster gestrickt, allerdings nicht mit Um-schlägen, sondern mit tiefer gestochenen Maschen. Das Muster strickt sich so schneller und angenehmer.

Man kann die Mütze wahlweise mit kurzen Rundstricknadeln oder mit einem Nadelspiel stricken. Wenn man sich für Rundstricknadeln entscheidet, braucht man für die letzten Runden doch noch das Nadelspiel, weil für die Rundstricknadel nicht mehr genug Maschen auf der Nadel sind.

Die Mütze wird ca. 50 cm weit (ungedehnt, dehnbar bis ca 60 cm) und ca. 23 cm hoch.

Material
100 g Drops Big Delight 100 % Wolle Lauflänge 190 m/ 100 g in Farbe 11
Kurze Rundstricknadeln Nr. 4 und 5, (Gesamtlänge 40 cm) und 1 Nadelspiel Nr. 5
Oder: Nadelspiel Nr. 4 und 5

Maschenprobe
Mit Nadel Nr. 5 glatt rechts gestrickt ergeben 17 Maschen und 22 Reihen = 10 x 10 cm

Anleitung
100 Maschen mit Nadeln Nr. 4 anschlagen und auf 4 Nadeln verteilen, das sind 25 je Nadel und zur Runde schließen. Oder mit der Rundstricknadel stricken.
Mit Nadeln Nr. 4 5 cm im Bündchenmuster (1 Masche rechts, 1 Masche links im Wechsel) stricken.

Patentmuster
Mit Nadeln Nr. 5 weiter stricken. Das Patentmuster mit tiefer gestochenen Maschen in der Runde gestrickt besteht aus 2 Reihen.

1.Reihe
Bei den rechten Maschen jeweils eine Reihe tiefer stechen, die linken Maschen normal links stricken.

2.Reihe
Jetzt die linken Maschen jeweils 1 Reihe tiefer einstechen und links stricken, die rechten Maschen normal rechts abstricken.

1. Reihe:
Mit der rechten Nadel von vorne nach hinten eine Reihe tiefer einstechen.

Faden durchholen und die Masche von der linken Nadel gleiten lassen.

2. Reihe:
 Mit der rechten Nadel von hinten nach vorne eine Reihe tiefer einstechen.

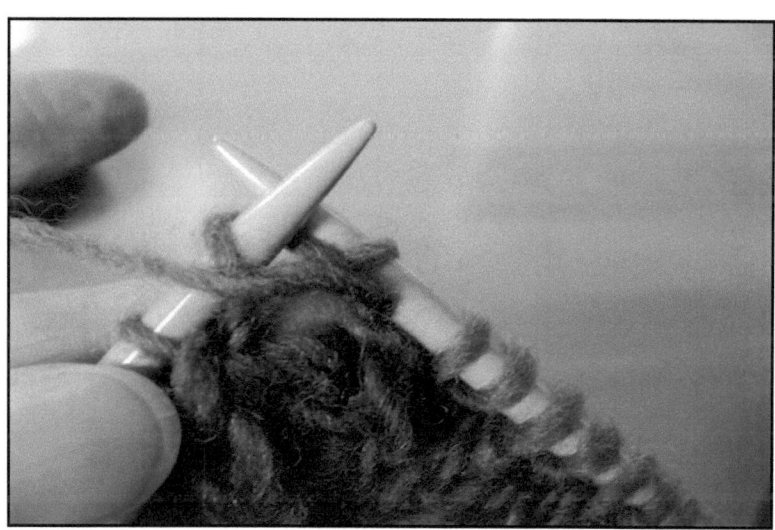

Den Faden durchholen und die Masche von der linken Nadel gleiten lassen.

Die beiden Reihen jeweils wiederholen.

So weiter stricken bis 21 cm Gesamthöhe erreicht sind, dann mit den Abnahmen beginnen.

Dafür jeweils 2 Maschen abwechselnd rechts bzw. links zusammen stricken.

In der nächsten Reihe die Maschen stricken, wie sie erscheinen, also abwechselnd eine Masche rechts, eine Masche links.

Diese Abnahme noch 3 mal in der beschriebenen Weise durchführen, indem man die beiden Reihen wiederholt.

Dann den Faden abschneiden, durch die verbliebenen Maschen ziehen und vernähen.

Halbrunder Laceschal

Dieser filigrane Schal in schönen Farben ist ganz einfach zu stricken, braucht allerdings etwas Zeit, denn das verwendete Garn ist hauchfein. Gestrickt wird immer nur in rechten Maschen. Für diesen Schal wurde 50 g Lacegarn mit einer Lauflänge von 400 m / 50 g verwendet. Er wird dann ungefähr 150 cm lang und 45 cm breit. Die Form des Schal ist ein Halbkreis. Der Schal wird erst so filigran durch das

Spannen. Er kann auch ungespannt verwendet werden, sieht dann aber nicht so zart aus. Die Größe kann natürlich beliebig variert werden, indem man einfach nach dem vorgegebenen Schema weiter strickt. Den Abschluß bildet eine gehäkelte Kante aus festen Maschen und Luftmaschen.

Material
50 g Lana Grossa Lace Merino Print 100 % Schurwolle Merino Extrafein Lauflänge 400 m/ 50 g in Farbe 121
Rundstricknadel Nr. 4 (mindestens 60 cm lang)
Häkelnadel Nr. 3

Maschenprobe
Ist bei einem Tuch nicht erforderlich, wenn Sie sehr fest stricken, nehmen Sie Nadeln Nr. 5

Muster
 alle Maschen stets rechts stricken

Randmasche
 Die erste Masche jeder Reihe wie zum links stricken abheben, nicht stricken.

Anleitung

3 Maschen mit Nadeln Nr. 4 anschlagen

1.Reihe: rechts stricken

2.Reihe: nach jeder Masche einen Umschlag arbeiten

    1 Reihe rechts stricken, auch die Umschläge (3+2 = 5 Maschen)

4. Reihe: nach jeder Masche einen Umschlag arbeiten

    3 Reihen rechts stricken (5+4 = 9 Maschen)

8. Reihe: Nach jeder Masche einen Umschlag arbeiten

6 Reihen stricken (9+8 = 17 Maschen)

15. Reihe: nach jeder Masche einen Umschlag arbeiten

12 Reihen stricken (17+16 = 33 Maschen)

28. Reihe: nach jeder Masche einen Umschlag

24 Reihen stricken (33+32 = 65 Maschen)

53. Reihe: nach jeder Masche einen Umschlag

48 Reihen stricken (65+64 = 129 Maschen)

102.Reihe: nach jeder Masche einen Umschlag

Weiter rechts stricken (129+128 = 257 Maschen)

Solange stricken, bis das Garn fast alle ist.

Für das Abketten braucht man ungefähr noch 17 Meter restliches Garn. (Hat man das Tuch größer gestrickt natürlich entsprechend mehr)

(Will man das Tuch größer stricken, braucht man ein zweites Knäul. Den neuen Faden vom zweiten Knäul am Rand ansetzen, nur hier kann man den Faden später unsichtbar vernähen)

Abgekettet wird mit der Häkelnadel.

Dafür in die 1. Masche auf der Stricknadel mit der Häkelnadel einstechen, den Faden durchholen, in die nächste Masche auf der Stricknadel einstechen und den Faden durchholen.

Jetzt den Faden durch die beiden Maschen auf der Häkelnadel ziehen (= 1 feste Masche), dann den Faden noch einmal durchholen (= 1 Luftmasche).
Immer abwechselnd so eine feste Masche und eine Luftmasche arbeiten.

Feste Masche in die Masche auf der Nadel häkeln

Luftmasche

Das Abketten solange wiederholen, bis man alle Maschen abgekettet hat. Die Fäden vernähen und das Tuch für ca. 20 Minuten in lauwarmem Wasser einweichen.
Dann auf einem Handtuch ausbreiten, mit dem Handtuch aufrollen und leicht ausdrücken. Das noch feuchte Tuch jetzt mit rostfreien Stecknadeln spannen.
Als Unterlage kann man einen Teppich oder eine Matratze nehmen.

Zunächst die obere gerade Kante spannen. In der Mitte beginnen und sich rechts und links zum Rand vorarbeiten. Die Stecknadeln in einem schrägen Winkel einstechen, damit sie dem Zug standhalten. Dabei darauf achten, dass beide Seiten gleich lang werden.

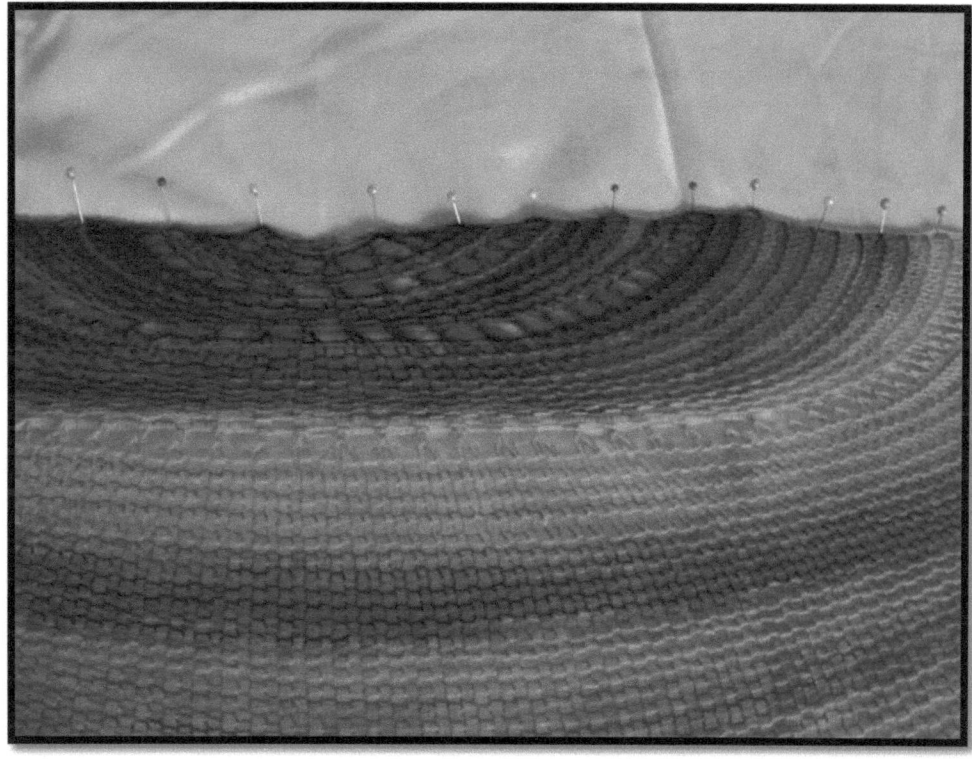

Dann von der Mitte nach unten spannen und sich auch hier abwechselnd rechts und links zu den Seiten vorarbeiten. Darauf achten, dass eine schöne, gleichmäßige Rundung entsteht.

Das so gespannte Tuch über Nacht trocknen lassen.

Flauschige Decke mit passendem Kissen

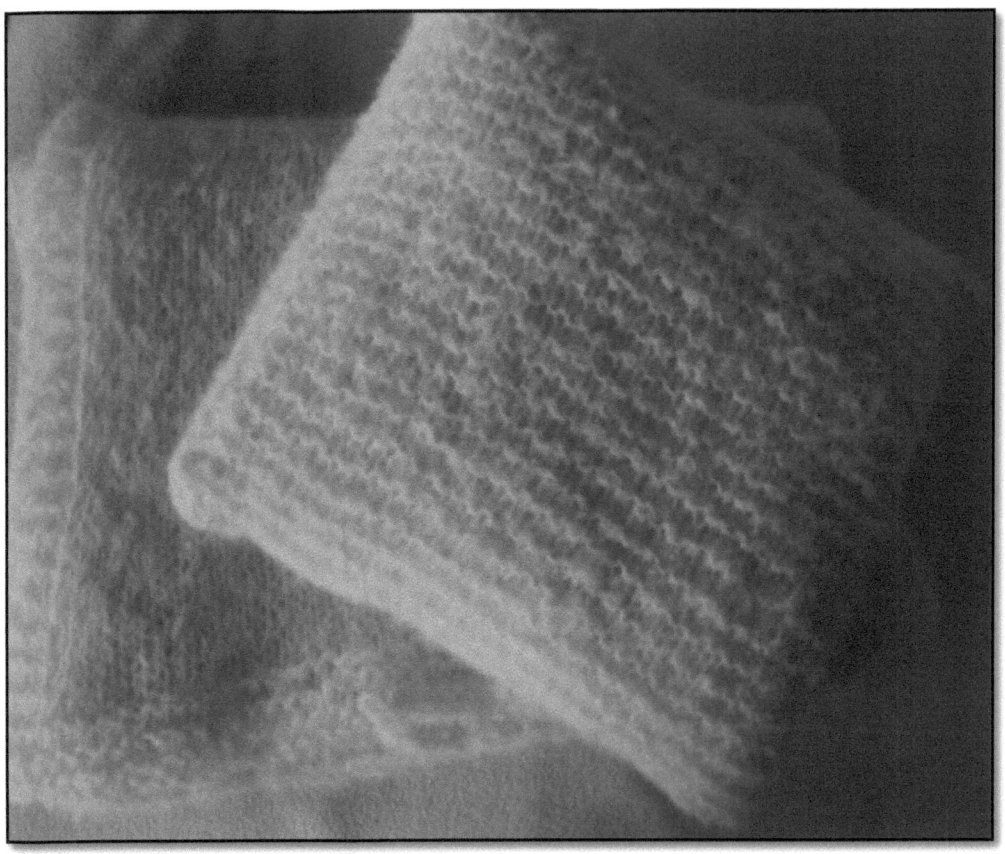

Diese flauschige Decke mit passendem Kissen wird mit Nadeln Nr. 7 relativ schnell gestrickt. Die fertige Decke hat hier die Maße 120 / 165 cm und das Kissen die Größe 40/40 cm, beides kann aber natürlich auch in anderen Größen gestrickt werden. Das Garn aus Alpaka und Seide ist voluminös und flauschig, die Decke bleibt durch die hohe Lauflänge der Wolle aber insgesamt sehr leicht.

Material

Melody von Drops Farbe 01 (natur) 71 % Alpaka 25 % Silk 4 % Polyamid
Lauflänge: 50 g / 140 m

300 g für die Decke, 50 g für das Kissen, 1 Reißverschluss mit 25 cm Länge in weiß

1 Rundstricknadel Nr. 7

Man kann die Decke auch auf einem Paar Stricknadeln stricken, aber auf der Rundstricknadel wird das Gewicht besser verteilt.

1 Wollnähnadel um die Fäden zu vernähen

Maschenprobe

Mit Nadeln Nr. 7 in glatt rechts gestrickt : 10 Maschen in der Breite und 17 Maschen in der Höhe ergeben 10x10 cm. Falls das bei Ihnen nicht so ist, müssen Sie dünnere oder dickere Nadeln verwenden.

Anleitung

120 Maschen mit den Nadeln Nr. 7 anschlagen.

Randmaschen: die erste Masche jeweils nur abheben, nicht stricken, die letzte Masche normal im Muster stricken.

Für den unteren Rand 6 Reihen kraus rechts stricken (Hin- und Rückreihen rechts stricken).

Dann weiter das Mittelteil in glatt rechts stricken (Hinreihe rechts, Rückreihe links stricken).

Die 5 ersten und die 5 letzten Maschen für den Rand kraus rechts stricken (Hin- und Rückreihe rechts stricken)

Ein neues Knäul jeweils am Rand ansetzen und die Fäden später im Rand vernähen.

So weiter hoch stricken bis 161 cm Höhe. Dann für den Rand 6 Reihen kraus rechts (Hin- und Rückreihe rechte Maschen) stricken. Jetzt noch die Maschen abketten und die Fäden vernähen.

Für das Kissen 35 Maschen mit Nadeln Nr. 7 anschlagen. Das Kissen wird in kraus rechts gestrickt (Hin. und Rückreihen rechts stricken). In 80 cm Höhe die Maschen abketten und die Fäden vernähen.

Den Reißverschluss mit Stecknadeln unter die Kanten heften, dabei darauf achten, dass das Gestrick weit genug von den Zähnchen entfernt ist, damit sich der Flausch später beim Öffnen und Schließen nicht verfängt. Der Reißverschluss wird von Hand eingenäht.

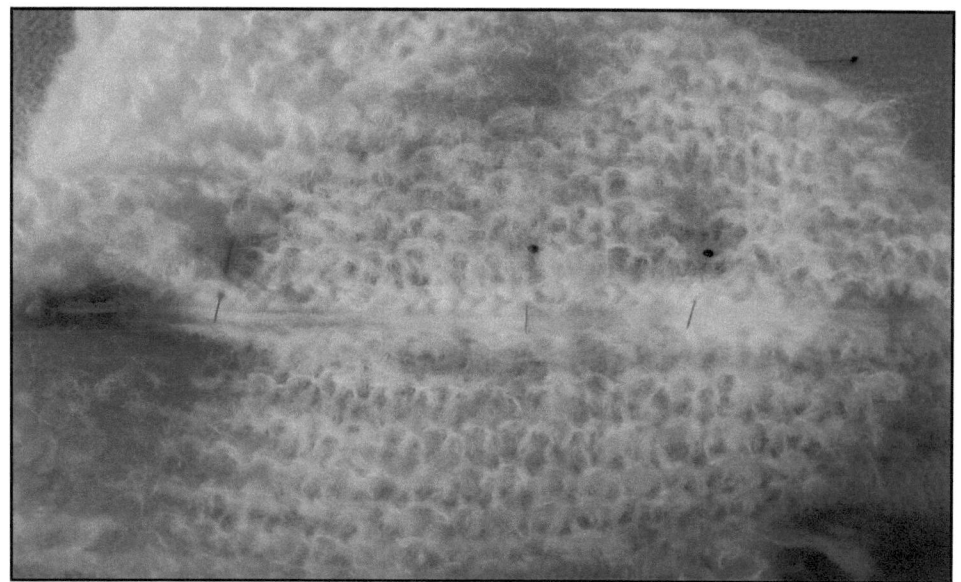

Einmal neben den Reißverschlusszähnchen mit Steppstichen und mit farblich passendem Nähgarn durchnähen.

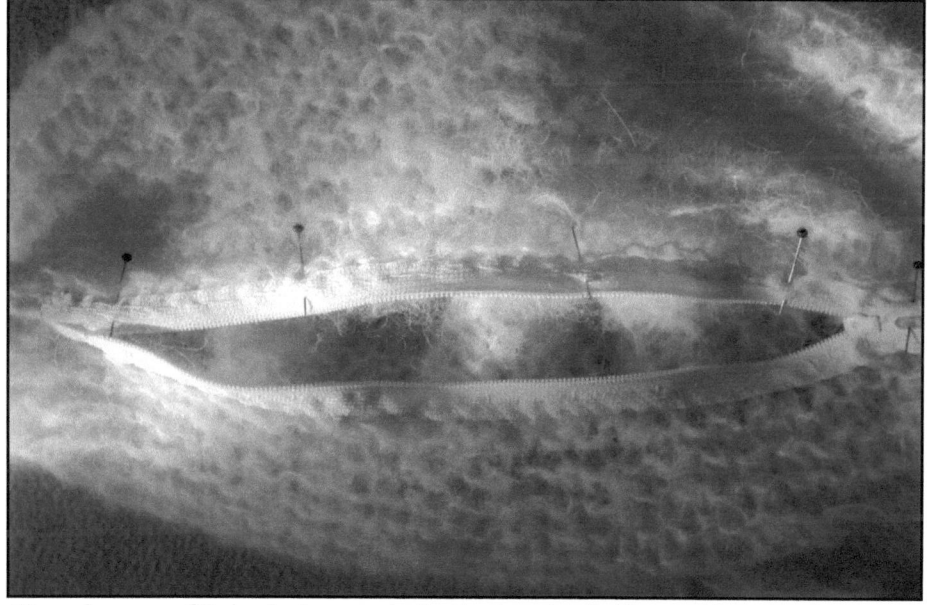

Den Kissenbezug auf links drehen und die Kanten des Reißverschlusses mit Überwendlingsstichen annähen.

Die offenen Stellen rechts und links vom Reißverschluss zu nähen und dabei den Anfang und das Ende des Reißverschlusses nochmal extra festnähen.

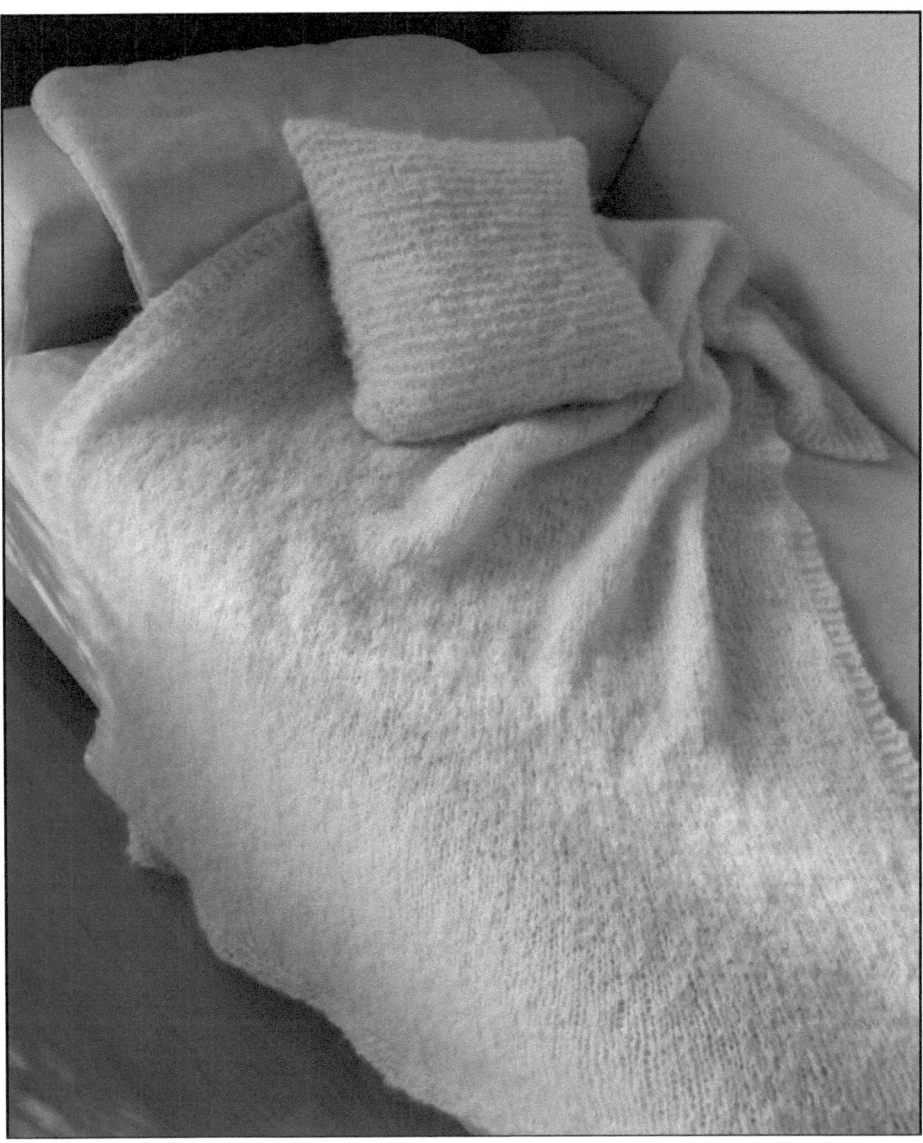

Brautstola

Transparente, hauchzarte Brautstola aus weichem Kidmohair mit Seide. Die Stola ist 160 cm lang und 60 cm breit. Trotz ihrer Zartheit wärmt sie doch und schmückt natürlich. Die Stola kann natürlich auch in vielen schönen Farben gearbeitet werden und ist nicht nur für Bräute tragbar, sondern durchaus alltagstauglich.

Material
2 x 25 g Drops Kidsilk 75 % Kidmohair 25 % Seide Lauflänge 200 m/25g in wollweiss (Farbe 01)
1 Paar Stricknadeln Nr. 9
1 Wollnähnadel um die Fäden zu vernähen

Maschenprobe 10 M in der Breite, 13 Reihen in der Höhe = jeweils 10 cm.

Anleitung
60 Maschen mit Nadeln Nr. 9 anschlagen, im Krausrippenmuster stricken, das heißt Hin- und Rückreihen jeweils rechts stricken. Die Randmasche am Anfang der Reihe nur abheben, nicht stricken.

Muss ein neues Knäuel Wolle begonnen werden, den Faden nur am Anfang der Strickreihe ansetzen und nachher am Rand entlang lose vernähen. Innerhalb des Strickstückes würde der angesetzte Faden unschön auffallen.

So weiter stricken bis zur gewünschten Höhe, in diesem Fall 160 cm und die Maschen abketten.
Dafür die Maschen etwas lang ziehen oder eine dickere Nadel verwenden, dann zieht sich der Rand nicht zusammen und bleibt schön elastisch.

Die Fäden unsichtbar am Rand des Strickstückes vernähen.

Cowl

Dieser Cowl ist ganz einfach gestrickt. Er wirkt vor allem durch das interessante Garn, das zum einen einen schönen Farbverlauf hat, zum anderen sind noch kleine Perlchen eingearbeitet, die einen dezenten, aber sehr wirkungsvollen Glanz verleihen.

Das Garn ist sehr weich und deshalb auch am Hals angenehm. Für diesen Cowl wurden nur 25 g verbraucht. Er wird dann 24 cm hoch und hat einen Umfang von 56 cm.

Material

25 g Lace Pearls Degradè von Lana Grossa 25 g = ca. 137 m
1 kurze Rundstricknadel Nr. 5 (40 cm lang)
1 Wollnähnadel um die Fäden zu vernähen

Auf einer kurzen Rundstricknadel strickt sich der Schal leicht und angenehm. Die Hektik mit dem Nadelwechsel und heruntergerutschten Maschen beim Nadelspiel entfällt.

Falls Sie keine solche Nadel haben oder bekommen, empfehle ich als Alternative ein Nadelspiel in der Stärke 5 aus Bambus. Die Bambusnadeln sind leichter und griffiger, das heißt die Maschen rutschen nicht so leicht von der Nadel.

Ansonsten kann man den Cowl auch noch auf zwei Nadeln stricken und dann an einer Seite zusammen nähen, wenn Sie die Naht nicht stört.

Maschenprobe

Mit Nadeln Nr. 5 glatt rechts gestrickt : 13 Maschen in der Breite und 24 Maschen in der Höhe ergeben 10x10 cm. Falls das bei Ihnen nicht so ist, müssen Sie dünnere oder dickere Nadeln verwenden.

Anleitung

100 Maschen auf der Rundstricknadel anschlagen und zur Runde schließen. Dabei darauf achten, dass man die Anschlagreihe nicht verdreht. Um dies zu verhindern stricke ich immer eine Reihe und schließe erst dann zur Runde.

Für den Rand 6 x eine Reihe links und eine Reihe rechts im Wechsel stricken.

Dann weiter glatt rechts stricken bis 21 cm Höhe.

Nun wieder 6 x eine Reihe links, eine Reihe rechts im Wechsel und alle Maschen locker abketten, so dass sich das Strickstück nicht verzieht.

Gestrickte Fausthandschuhe aus Mohairgarn

Material
2 Knäuel Rellana Super Mohair (oder Ähnliches)
Lauflänge 150 Meter auf 50 g

Nadelspiel Nr. 5 und Nr 4

Anleitung
Gestrickt wird mit doppeltem Faden
Als erstes eine Maschenprobe machen: 16 Maschen und 40 Reihen mit Nadeln Nr. 5 ergeben kraus rechts gestrickt (Hin- und Rückreihe rechts stricken) 10 / 10 cm, stimmt Ihre Maschenprobe nicht mit den Maßen überein, nehmen Sie dickere oder dünnere Nadeln.

Das Bündchen mit Nadeln Nr. 4 stricken.
28 Maschen anschlagen und auf 3 Nadeln verteilen: 9 auf der ersten, 10 auf der zweiten, 9 auf der dritten und zur Runde schließen.

Für das Bündchen 7 cm 2 Maschen rechts 2 Maschen links stricken,

Anschließend mit Nadeln Nr 5 weiterstricken.

Strickmuster
abwechselnd eine Runde linke Maschen und eine Runde rechte Maschen stricken (kraus rechts in der Runde).

In der ersten Runde 2 Maschen zunehmen und zwar in der Mitte der ersten und dritten Nadel, so dass auf jeder Nadel 10 Maschen sind.

Nach 4 Runden mit der Zunahme für den Daumen beginnen:

Eine Masche rechts stricken, aus dem Querfaden eine Masche rechts verschränkt zunehmen.

Weiter in jeder zweiten Runde rechts und links von dieser Masche je eine weitere Masche rechts verschränkt aus dem Querfaden herausstricken, bis insgesamt 9 Maschen zugenommen sind.

Diese Maschen in der nächsten Runde auf einer Sicherheitsnadel stilllegen.

Nach der ersten Masche rechts für den Daumensteg 3 Maschen dazu anschlagen und die restlichen Maschen der ersten Nadel abstricken, es sind jetzt 13 Maschen auf der ersten Nadel.

Zwei Runden stricken und die 3 Maschen wieder abnehmen : 2 in der ersten Runde, eine Runde stricken und eine dritte Masche abnehmen, es befinden sich jetzt wieder 10 Maschen auf jeder Nadel.

Gerade hochstricken bis zur Höhe des kleinen Fingers (anprobieren), dann mit der Abnahme beginnen:

Fortlaufend zwei Maschen stricken, zwei Maschen rechts zusammenstricken, eine Runde stricken,

dann fortllaufend wieder zwei Maschen stricken und zwei Maschen zusammen stricken,

eine Runde ohne Abnahme stricken.

In der nächsten Runde fortlaufend 1 Masche stricken und 2 Maschen zusammenstricken,

eine Runde ohne Abnahme stricken,

dann fortlaufend 2 Maschen zusammenstricken bis nur noch 4 Maschen auf den Nadeln sind.

Diese mit dem Faden zusammenziehen und vernähen.

Die 9 stillgelegten Daumenmaschen aufnehmen, vor und nach den Maschen aus dem Querfaden je 1 Masche rechts verschränkt dazu aufnehmen, damit keine Löcher entstehen.

Die drei Maschen aus den Daumenzwickel aufnehmen und noch eine Masche dazu aufnehmen, diese 15 Maschen auf drei Nadeln verteilen und gerade in Runden hochstricken bis der Daumen lang genug ist, dann abnehmen wie folgt:

1. Runde: Je 2 Maschen stricken, 2 Maschen zusammenstricken,
2. Runde: Alle Maschen stricken
3. Runde: Je 1 Masche stricken, 2 Maschen zusammnenstricken
4. Runde: Alle Maschen stricken
5. Runde: Je 2 Maschen zusammenstricken

Die restlichen Maschen mit einem Faden aufnehmen und zusammennähen.

Kurzschal

Material

Newkid von Lana Grossa, Lauflänge 90 Meter je 25 Gramm
50 % Mohair, 50 % Microfaser.

1 Rundstricknadel Nr. 5
1 Wollnähnadel um die Fäden zu vernähen
4 Knöpfe (hier verwendet: Perlmuttknöpfe Durchmesser 1,5)

Maschenprobe

mit Nadeln Nr. 5 im Perlmuster gestrickt : 12 Maschen in der Breite und 20 Maschen in der Höhe ergeben 10x10 cm

Perlmuster

abwechseknd 1 Masche rechts, eine Masche links stricken, in der Rückreihe die rechten Maschen links und die linken Maschen rechts stricken.

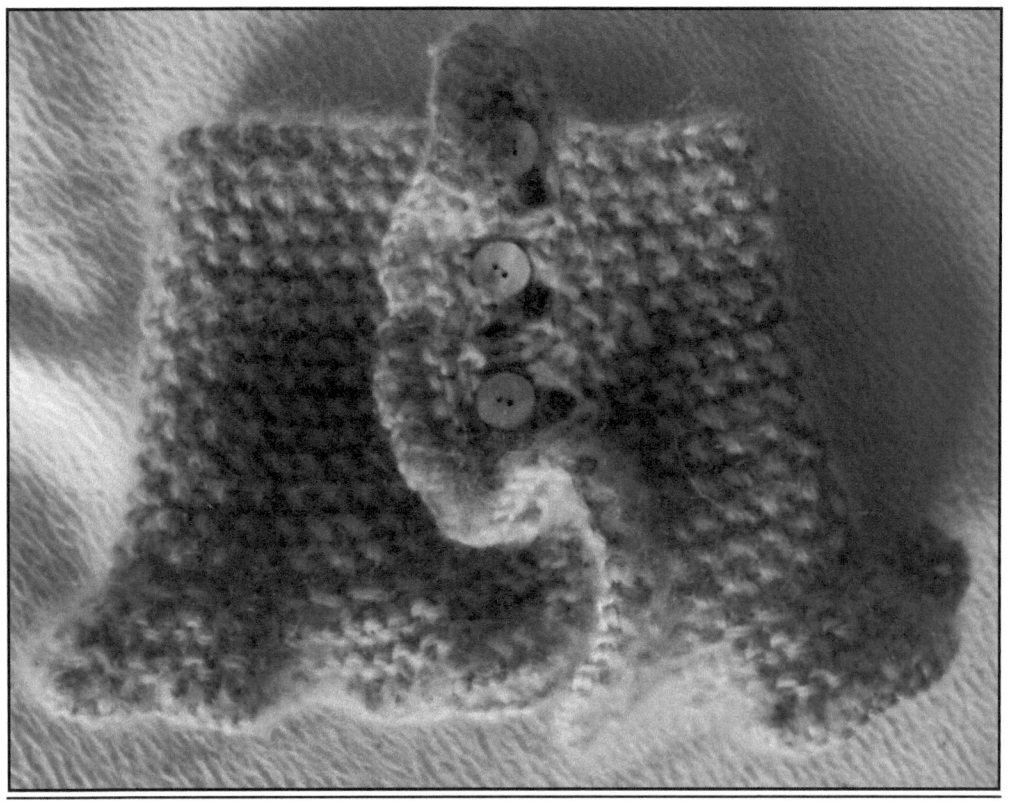

16 Maschen anschlagen und im Perlmuster stricken. 39 cm hoch stricken. Dann eine Lochmusterreihe stricken, die später als Knopflöcher für die Knöpfe dient.
Hierfür je abwechselnd 2 Maschen rechts stricken, 1 Umschlag arbeiten, endend mit 2 Maschen rechts.

In der Rückreihe alle Maschen links abstricken, die Umschläge links verschränkt abstricken, damit die Knopflöcher nicht zu groß werden.
Wenn Sie größere Knöpfe verwenden, müssen Sie eventuell die Umschläge links abstricken, aber in der Regel sind die Maschen elastisch genug.

Nun eine Reihe rechte Maschen stricken, wenn Sie zur Ecke kommen, mit der Rundnadel aus den Randmaschen der langen Seite aus jeder Masche eine Masche herausstricken.

In der Ecke in jeder Reihe jeweils die Maschen verdoppeln.

Diese beiden Seiten jetzt in Hin- und Rückreihen weiter stricken, dabei in der ersten Reihe nach jeder rechten Masche einen Umschlag arbeiten und die Maschen für die Rüsche so verdoppeln.

Die Rüsche wird in Krausrippe gestrickt, das heißt Hin- und Rückreihen rechts stricken.

Nach fünf Reihen die Maschen mit einer Häkelnadel Nr. 5 abhäkeln. Dafür in eine Masche mit der Häkelnadel einstechen, Faden durchholen und eine feste Masche häkeln, dann eine Luftmasche häkeln und die nächste Masche auf der Stricknadel abhäkeln.

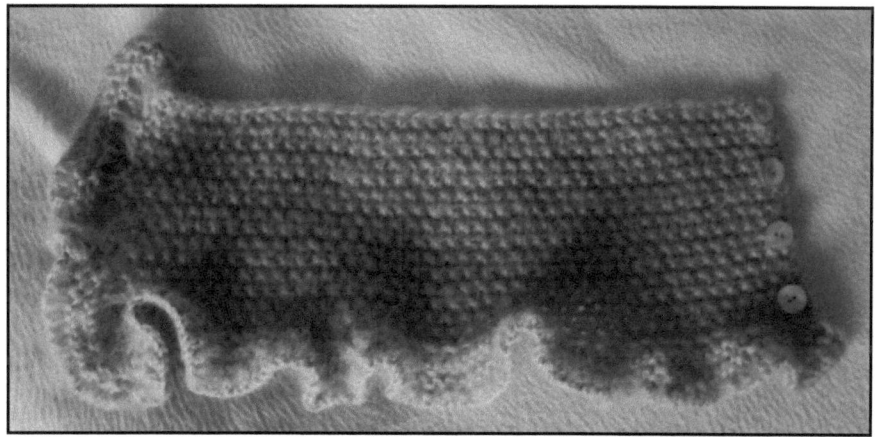

Nun noch in gleichmäßigem Abstand die Knöpfe annähen.

Dreieckschal aus Resten

Material:

Wollreste
Stricknadeln Nr. 5 (Rund- oder Paarstricknadeln)
In dem Beispiel wurden ganz verschiedene Wollreste verstrickt z.B. Baumwollgarn,
Bändchengarn, Mohair, Wolle, eben alles was da war und farblich passte.

66

Sie können Ton in Ton arbeiten, z.B. wie im Beispiel nur Blautöne nehmen oder auch mischen. Vielleicht am besten vorher die Wollreste zusammenlegen und aussortieren, was überhaupt nicht passt.

Das Garn sollte ungefähr die gleiche Stärke haben, wobei Sie dünnes Garn doppelt oder dreifach verstricken können, damit es passt. Hierbei können Sie durch verschiedenfarbige Garne, die sie zusammen verstricken, nochmals extra Farbeffekte erzeugen.

Wenn Sie nicht so viele Reste haben, einfach farblich passendes Garn dazu kaufen.

Für das Tuch mit der Größe 160 cm an der oberen Kante und von oben bis zur Spitze 75 cm habe ich etwa 300 g Wollreste verbraucht

Maschenprobe:

Eine Maschenprobe ist bei diesem Strickstück nicht erforderlich. Die Wollreste sollten etwas auf die Nadelstärke abgestimmt sein. Wenn Sie die meisten Wollreste z.B. für Nadelstärke 5 haben, nehmen Sie Nadeln Nr. 5. Sie können aber auch dünnere oder etwas dickere Wolle mit verstricken.

Wenn die Wolle sehr dünn ist im Vergleich zu der Nadelstärke, nehmen Sie die Wolle einfach doppelt oder dreifach. Dies geht natürlich auch mit verschiedenen Farben.

Anleitung:

Gestrickt wird in Krausrippe, also Hin- und Rückreihen nur rechte Maschen.

Randmasche: Die erste Masche nur abheben, nicht stricken.

Mit Nadel Nr.5 drei Maschen anschlagen.

In der ersten Reihe 1 Randmasche, 1 Umschlag, 1 Masche rechts, 1 Umschlag, 1 Masche rechts arbeiten.

In der nächsten Reihe alle Maschen nach der Randmasche rechts stricken.

In der folgenden und zukünftig in jeder zweiten Reihe zunehmen, indem man einen Umschlag nach der Randmasche und einen Umschlag vor der letzen Masche macht. Den Umschlag in der nächsten Reihe jeweils rechts stricken.

Farbwechsel:
Sie können die Farbe nach jeder Reihe wechseln oder auch mehrere Reihen in der gleichen Farbe stricken.

Beim Wechsel der Farbe die Fäden einfach in der von Ihnen gewünschten Länge am Anfang und am Ende der Reihe stehen lassen. So entstehen die Fransen und Sie müssen keine Fäden vernähen. Zur Sicherung sollten diese Fäden einmal verknotet werden.

Falls der Faden einmal nicht für die ganze Reihe reicht, einfach einen neuen anknoten und die hängen gelassenen Fäden später im Strickstück vernähen. So können Sie auch noch kürzeste Fäden verwenden.

Mit der restlichen Wolle werden zum Schluss noch mehr Fransen eingeknüpft. Jeweils an die farblich passenden Stellen oder auch einfach beliebig.

Zum Einknüpfen der Fransen brauchen Sie eine Häkelnadel. Die Fransen etwas mehr als doppelte gewünschte Länge zuschneiden (etwas Länge geht für den Knoten weg).

Dann die Franse zur Hälfte legen, die Häkelnadel an der gewünschten Stelle einstechen, den Faden durchziehen und das Ende durch die entstehende Schlaufe ziehen und so festknoten.

Grauer Schal im falschen Patentmuster

Der klassische, graue Schal ist von Männern und Frauen tragbar, er kann natürlich leicht in der Breite oder Länge variiert werden. Das Muster sieht von beiden Seiten gleich aus und ähnelt dem echten Patentmuster, wird aber nur in rechten und linken Maschen gestrickt.

Material

200 g King Cotton von Gründl in Grau
45 % Baumwolle 55 % Polyacryl
Lauflänge 78m/50g

1 Paar Stricknadel Nr 6
1 Häkelnadel zum Einknüpfen der Fransen
1 Wollnähnadel um die Fäden zu vernähen

Anleitung

Gestrickt wird im „Falschen Patentmuster", das Muster ist etwas elastisch und sieht auf beiden Seiten gleich aus, also ideal für Mützen und Schals.

Es empfiehlt sich, ein Probestück mit geringerer Maschenzahl zu stricken, um zu sehen, ob Sie sehr fest stricken, dann müssen Sie Nadeln Nr 7 nehmen oder im Gegenteil sehr locker, dann nehmen Sie besser Nadeln Nr. 5.

Für den Schal insgesamt 41 Maschen mit den Nadeln Nr. 6 anschlagen, er wird dann ungedehnt ungefähr 18 cm breit und 200 cm lang (mit Fransen).

Die Maschenanzahl muss bei diesem Muster durch 4 teilbar sein, plus 1 Masche zusätzlich.
Wünschen Sie den Schal breiter, einfach die gewünschte Anzahl zusätzlicher Mustersätze (*3Maschen rechts, 1 Masche links*) einfügen.

Falsches Patentmuster

1.Reihe:
Randmasche (die 1. Masche auf der Nadel nur abheben, der Faden liegt dabei vor der Arbeit, dann den Faden hinter die Arbeit legen),
3 Maschen rechts, 1 Maschen links stricken,
* von * bis * wiederholen, bis nur noch 4 Maschen auf der Nadel sind,
diese 4 Maschen rechts stricken.

2. Reihe:
Randmasche (die 1. Masche auf der Nadel nur abheben, der Faden liegt dabei vor der Arbeit, dann den Faden hinter die Arbeit legen),
1 Masche rechts, 1 Masche links,
3 Maschen rechts, 1 Masche links stricken
von * bis * wiederholen, bis nur noch 2 Maschen auf der Nadel sind,
diese 2 Maschen rechts stricken.

Diese beiden Reihen ständig wiederholen.

Ein neues Knäul nur am Anfang der Reihe ansetzten, nicht mitten in der Reihe, damit man später die Fäden am Rand vernähen kann.

Die Fransen schneiden Sie am besten schon zu, wenn Sie beim letzten Wollknäul angekommen sind, so können Sie den Wollverbrauch besser bestimmen, denn Fransen verbrauchen meist mehr Wolle als man denkt.

Dafür die Wolle über ein Pappstück in der gewünschte Breite (im Muster sind die Fransen 13 cm lang) wickeln.

Für den Schal wurden auf beiden Seiten je 18 Fransen mit je 2 doppelten Fäden eingeknüpft, also müßte man 72 mal wickeln.

Dann mit dem Rest der Wolle den Schal zu Ende stricken und die Maschen nicht zu locker abketten, sonst wellt sich der Rand.

Dafür in der letzten Reihe weiter im Muster stricken und nach jeder zweiten Masche die erste Masche über die zweite Masche ziehen.

Die Fransen auf dem Pappstück an einer Seite aufschneiden.

Je 2 am oberen Ende zusammen nehmen und in jede 2 Masche der Schalenden einknüpfen.

Dafür mit der Häkelnadel einstechen, die 4 Fäden zusammen ein Stückchen durch ziehen und den Rest der Fäden durch die so entstandene Schlaufe ziehen.

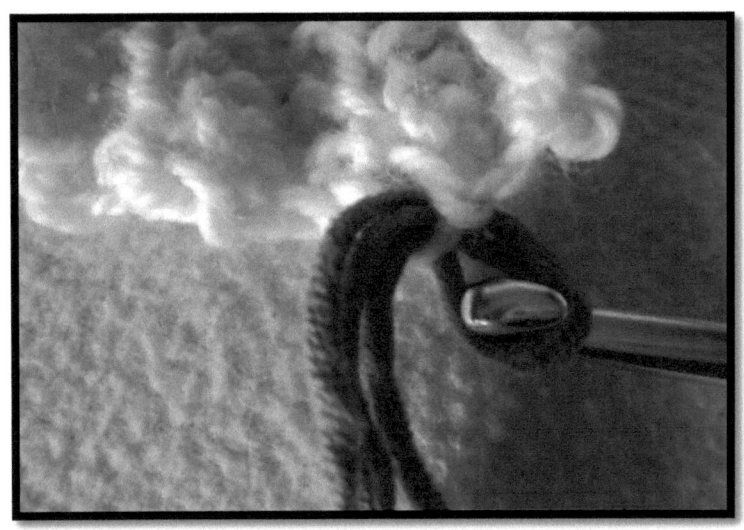

Zum Schluß noch alle Fäden mit der Wollnähnadel vernähen. Die Fäden nur seitlich hinter den Randmaschen vernähen, also nach oben und unten verweben, nicht quer, dass fällt im Muster unschön auf.

Stulpen

Diese Stulpen sind aus Sockenwollgarn mit langem Farbverlauf gearbeitet. Sie fallen von der Farbe her sehr unterschiedlich aus. Man kann sie natürlich auch gleich arbeiten, indem man aus den Knäul jeweils die gleiche Farbstelle heraus sucht.

Material
100 g Sockengarn Drops Delight Farbe 10
75 % Wolle 25 % Polyamid
Lauflänge 175m /50g
1 Nadelspiel Nr. 2,5
1 Wollnähnadel um die Fäden zu vernähen

Maschenprobe: 26 Maschen / 34 Reihen = 10 / 10 cm

Anleitung

60 Maschen mit Nadeln Nr. 2,5 anschlagen und auf 3 Nadeln verteilen, das sind 20 Maschen je Nadel und zur Runde schließen.

Für den Rollrand 5 Runden linke Maschen stricken. Dann weiter rechte Maschen stricken.

Jede 10. Runde links stricken.

In 16 cm Höhe mit dem Daumenspickel beginnen.

Am Anfang der ersten Nadel 1 Masche rechts stricken, dann 1 Masche rechts verschränkt aus dem Querfaden zunehmen, weiter alle Maschen rechts stricken.

Weiter in jeder 2. Runde je 1 Masche rechts verschränkt vor und nach der zugenommenen Masche der Vorreihe zunehmen.

So fortfahren, bis insgesamt 13 Maschen zugenommen sind, dann diese Maschen auf einer Sicherheitsnadel stilllegen und für den Steg 8 Maschen dazu anschlagen.

In jeder zweiten Runde am Beginn und Ende der 8 Stegmaschen je 2 Maschen rechts zusammen stricken, bis die ursprüngliche Maschenzahl (60 Maschen) wieder erreicht ist.

In der nächsten Runde gleichmäßig verteilt 4 Maschen abnehmen (je 2 Maschen rechts zusammenstricken. Dies in der übernächsten Runde noch einmal wiederholen. (52 Maschen)

Dann weiter in Runden stricken bis zur gewünschten Höhe (24 cm), für den Rollrand noch 5 Runden linke Maschen stricken und alle Maschen links abketten.

Für den Daumen aus den 8 Stegmaschen 8 Maschen aufnehmen.

Damit keine Löcher entstehen, rechts und links von den Stegmaschen je eine Masche rechts verschränkt aus dem Querfaden aufnehmen.

Die 13 still gelegten Maschen und die 10 neu aufgenommenen Maschen auf 3 Nadeln verteilen und in Runden glatt rechts hochstricken bis 5 cm Höhe. Nun noch 3 Reihen linke Maschen stricken für den Rollrand und alle Maschen links abketten

Schal in Blockstreifen

Dieser Schal wird im Perlmuster gestrickt. Die Blockstreifen geben den besonderen Pfiff. Das weiche Garn aus Alpaka und Seide ist sehr flauschig und weich auch auf empfindlicher Haut. Der Schal wird mit dickeren Nadeln gestrickt und verbraucht trotz seiner Länge von 200 cm und Breite von 20 cm noch nicht einmal 50 g Garn.

Material

Alpaka Silk von Drops 77% Alpaka 23% Silk Lauflänge: 25 g / 140 m
25 g in Farbe 2 hellgrau, 25 g in Farbe 15 seegrün hell

1 Paar Stricknadeln Nr. 6
1 Wollnähnadel um die Fäden zu vernähen

Maschenprobe

Mit Nadeln Nr. 6 im Perlmuster gestrickt : 15 Maschen in der Breite und 17
Maschen in der Höhe ergeben 10x10 cm. Falls das bei Ihnen nicht so ist, sollten Sie
dünnere oder dickere Nadeln verwenden.

Anleitung

30 Maschen mit den Nadeln Nr. 6 in Seegrün hell anschlagen und im Perlmuster stricken.
Dafür 1 Masche rechts, 1 Masche links im Wechsel stricken.
In der Rückreihe die rechten Maschen links und und die linken Maschen rechts stricken. Dies fortwährend wiederholen.

Randmaschen: die erste Masche jeweils nur abheben, nicht stricken, die letzte Masche normal im Perlmuster stricken.

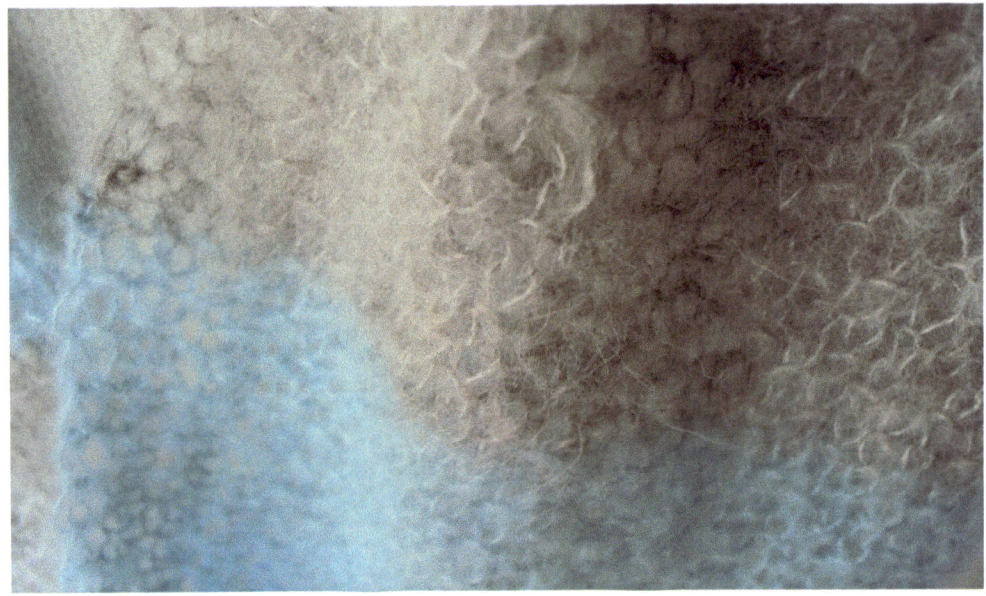

Nach 20 cm jeweils die Farbe wechseln.

Der Schal beginnt mit seegrün hell und endet mit hellgrau.

Nach der letzten Folge hellgrau ist der Schal 200 cm lang. Jetzt noch die Maschen abketten und die Fäden vernähen.

Rüschenschal aus Mohairwolle in grau

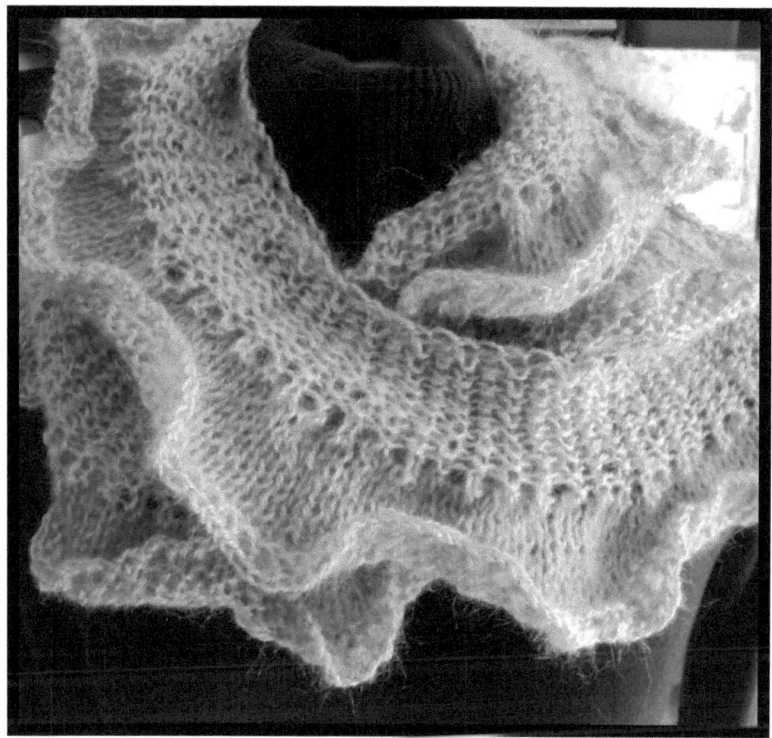

Material:
Flauschmohair von Karstadt Mohairgarn (55 % Mohair 45 % Polyamid) Lauflänge
180m/50g

Insgesamt braucht man für einen Schal von 250 cm Länge ca. 100 Gramm Wolle.

Gestrickt wird mit einer langen Rundstricknadel Nr. 5. Die Nadel sollte mindestens
80 cm lang sein, denn nachher hat man sehr viele Maschen auf der Nadel.

Außerdem braucht man eine Wollhäkelnadel Nr. 3 und eine Wollnähnadel, um die
Fäden zu vernähen.

Maschenprobe: 13 Maschen / 20 Reihen ergeben 10 cm / 10 cm

Anleitung:

Auf die Rundstricknadel Nr. 5 werden insgesamt 250 Maschen angeschlagen. Der Schal wird dann ca. 250 cm lang. Möchte man ihn kürzer, einfach entsprechend weniger Maschen anschlagen.

Nun im Perlmuster stricken, dass heißt eine Masche rechts, eine Masche links im Wechsel stricken.
In der Rückreihe die Maschen versetzt stricken, dass heißt die rechten Maschen links stricken, die linken Maschen rechts.
Das Muster in jeder Reihe versetzen.

So hoch stricken bis 7 cm erreicht sind.

Dann für die Rüsche alle Maschen verdoppeln, indem man nach jeder Masche einen Umschlag arbeitet.
Die Umschläge und alle Maschen in der Rückreihe links abstricken (insgesamt sind jetzt 500 Maschen auf der Nadel).
Die Rüsche weiter in glatt rechts stricken, dass heißt die Hinreihe rechts stricken, die Rückreihe links.
Die Rüsche 7 cm hoch stricken.

Dann drei Reihen rechte Maschen stricken, also die Hin- und Rückreihen rechts stricken. Es entsteht eine krause Abschlußkante, durch die die Rüsche etwas mehr Stand hat.

Nun die Maschen abketten.
Die Maschen werden von der Stricknadel abgehäkelt.
Dazu mit der Häkelnadel in eine Masche auf der Stricknadel einstechen und den Faden durchziehen und eine feste Masche arbeiten.
Dann eine Luftmasche häkeln und die nächste feste Masche in die nächste Masche auf der Nadel.
So fortfahren bis alle Maschen abgekettet sind.

Variation in rosa:

Der Schal wurde mit weniger Maschenanschlag etwas kürzer gearbeitet.

Zunächst stricken wie bei dem grauen Modell beschrieben.

Nach der Verdoppelung der Maschen 4 Reihen glatt rechts stricken und dann eine Lochmusterreihe einarbeiten.

Dazu nach jeder dritten Maschen einen Umschlag einfügen, diesen in der nächsten Reihe mustergemäß abstricken.

Weiter glatt rechts stricken bis zur gewünschten Höhe.

Zum Abketten statt einer jeweils drei Luftmaschen zwischen zwei feste Maschen arbeiten.

Stulpen

Diese Stulpen sind zweifädig aus Suri Alpaka Garn gestrickt und ohne Daumenloch gearbeitet. So kann man sie variabel als Pulswärmer tragen oder auch mal über die Fingerspitzen ziehen. Je ein Faden lila und ein Faden grau des dünnen Garnes ergeben einen schönen Melangefarbton. Den oberen Abschluß bildet eine Mausezähnchenkante. In die folgende Lochmusterkante wird eine einfarbig graue Kordel als Schleife eingewoben. Die Stulpen werden ca. 21 cm hoch und 9 cm breit.

<u>Material</u>

25 g Suri Alpaka von GGH Farbe 002, 25 g Suri Alpaka von GGH Farbe 005
100 % Alpaka Lauflänge 133 m / 25 g
1 Nadelspiel Nr. 4 und 2, 1 Wollnähnadel um die Fäden zu vernähen

Maschenprobe:
Mit doppeltem Faden und Nadeln Nr. 4
17 Maschen / 26 Reihen = 10 / 10 cm

Anleitung
Die Stulpen werden von oben nach unten gestrickt. 30 Maschen mit Nadeln Nr. 4
anschlagen (je ein Faden Grau und ein Faden lila zusammen verstricken) und auf 3
Nadeln verteilen, das sind 10 Maschen je Nadel und zur Runde schließen.

Für das obere Bündchen (Mausezähnchenkante) 6 Runden glatt rechts stricken.

Dann eine Lochmusterreihe arbeiten. Je 1 Umschlag, 2 Maschen rechts zusammen
stricken, dies immer wiederholen bis zum Rundenende.

6 Reihen rechte Maschen stricken

In der nächsten Reihe die Maschen auf den Nadeln und die Maschen der
Anschlagkante rechts zusammen stricken.

Je 10 Maschen der Anschlagkante auf eine separate Nadel nehmen. Die Anschlagkante innen nach oben klappen, so dass die Lochmusterreihe im Bruch liegt.

Dadurch entstehen die Mausezähnchen. Die Nadeln parallel legen und je eine Masche von jeder Nadel rechts zusammen stricken.

Die Maschen müssen genau übereinander liegen, damit sich die Kante nicht verzieht.

Nun eine Runde linke Maschen stricken. Darauf achten, dass wieder 30 Maschen auf den Nadeln sind.

1 Runde rechte Maschen stricken

Dann eine Lochmusterreihe arbeiten: Je 1 Umschlag, 2 Maschen rechts zusammen stricken, dies immer wiederholen bis zum Rundenende.

1 Runde rechte Maschen (auch die Umschläge)

1 Runde links stricken

Weiter rechte Maschen stricken bis 17 cm Höhe.

Dann wieder ein Lochmuster arbeiten:

Eine Reihe linke Maschen stricken.

1 Runde rechte Maschen stricken

Dann eine Lochmusterreihe arbeiten: Je 1 Umschlag, 2 Maschen rechts zusammen stricken, dies immer wiederholen bis zum Rundenende.

1 Runde rechte Maschen (auch die Umschläge)

1 Runde links stricken

5 Runden rechte Maschen stricken.

Dann noch eine Lochmusterreihe arbeiten, dafür je 1 Umschlag, 2 Maschen rechts zusammen stricken, dies immer wiederholen bis zum Rundenende.

5 Runden rechte Maschen stricken und die Maschen locker abketten, dafür eine dickere Nadel verwenden oder die Maschen etwas lang ziehen.
Der obere Rand soll sich etwas nach außen einrollen und das tut er nur, wenn locker abgekettet wird.

Die zweite Stulpe genauso arbeiten.

Für den Durchzug eine I-Cord arbeiten.

Dafür 4 Maschen in Grau (nur 1 Faden) auf Nadeln Nr. 2 anschlagen.

Eine Reihe rechte Maschen stricken.
Am Ende der Reihe die Arbeit nicht wenden, sondern die Maschen an das andere Ende der Nadel zurück schieben und die Maschen wieder rechts stricken.

So bildet sich eine Röhre. Bei der ersten Masche jeweils den Faden etwas fester anziehen, damit auf der Rückseite keine Lücke entsteht.

So weiter stricken, bis die Kordel insgesamt 65 cm lang ist.
Den Faden abschneiden und durch die Maschen ziehen und vernähen.

Eine zweite Kordel genauso stricken.

Die Kordeln werden in die Lochmusterreihe unter den Mausezähnchen eingefädelt und zur Schleife gebunden.

Cowl in Anthrazit mit Perlen

Dieser Cowl wird aus anthrazitfarbener Sockenwolle gestrickt. Die kleinen Perlchen werden mit Hilfe einer dünnen Häkelnadel eingestrickt.
Der fertige Umfang des Cowls beträgt 67 cm, die Höhe 27 cm.

Material

100g 4fach Sockenwolle Lana Grossa Meilenweit Farbe 1105 (Anthrazit)
80% Wolle 20 % Polyamid, Lauflänge 420 m / 100 g
Rundstricknadel Nr. 2,5 Länge 40-50 cm
1 Häkelnadel Nr. 1 oder dünner für die Perlen
190 Stück Rocailles 4 mm transparent in bunter Mischung
1 Wollnähnadel um die Fäden zu vernähen

Maschenprobe

Mit Nadeln Nr. 2,5 glatt rechts gestrickt: 28 Maschen in der Breite und 40 Reihen in der Höhe ergeben 10 x 10 cm

Anleitung

Mit der Rundstricknadel Nr. 2,5 insgesamt 190 Maschen anschlagen, zur Runde schließen und für das Bündchen 2,5 cm kraus rechts stricken (eine Runde rechte Maschen, eine Runde linker Maschen im Wechsel).

Dann glatt rechts weiter stricken (jede Runde rechte Maschen).

In 4,5 cm Gesamthöhe zum ersten Mal eine Runde mit Perlen arbeiten. Dafür in jede 10. Masche eine Perle einarbeiten. (Insgesamt pro Runde 19 Perlen)

Die Masche, auf der die Perle sitzen soll, nicht stricken, sie bleibt auf der linken Nadel.

Zunächst die Perle auf die Häkelnadel nehmen. Dann mit der Häkelnadel in die Masche einstechen und die Masche durch die Perle ziehen.

Die Masche von der Häkelnadel zurück auf die linke Nadel schieben und normal rechts abstricken.

Dann wieder 2 cm ohne Perlen glatt rechts stricken. In der nächsten Reihe die Perlen versetzt einarbeiten, wie oben beschrieben.

Insgesamt 10 Reihen mit Perlen arbeiten.

Nach der 10. Reihe mit Perlen noch 2 cm glatt rechts stricken und das obere Bündchen genau wie das untere kraus rechts arbeiten.

Dann alle Maschen abketten.

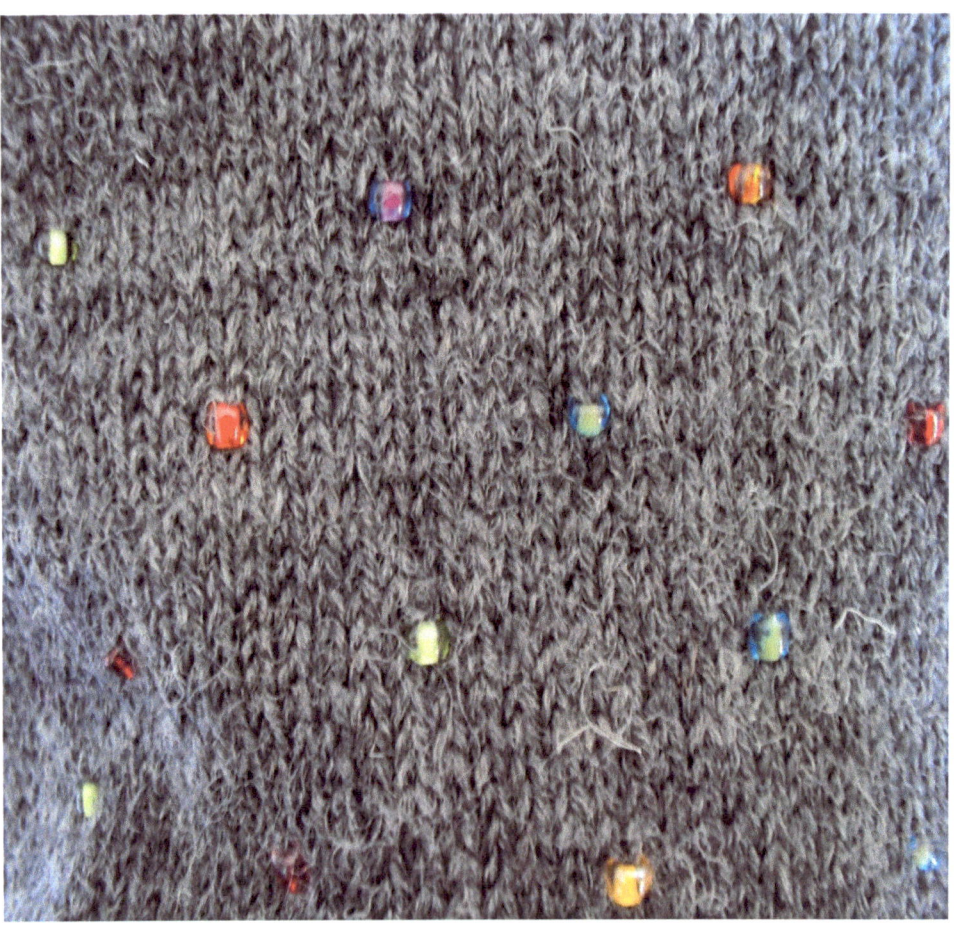

Nun noch alle Fäden vernähen.

Den fertigen Cowl habe ich leicht unter einem feuchten Tuch gebügelt.

Asymmetrischer Dreieckschal

Dieser asymmetrische Schal aus flauschig weicher Alpakawolle mit Seide ist feder-
leicht. Die Streifenfolge können Sie nach Ihrem Belieben gestalten oder der vorgegebenen Streifenfolge in der Anleitung folgen.
Der Schal wird ungefähr 230 / 185 / 140 cm groß (jeweils an den Kanten gemessen).

Material
Drops Alpaca Silk brushed 77 % Alpaca 23 % Seide Lauflänge 140 m / 25 g
25 g in 01 (Natur)
25 g in 02 (Hellgrau)
25 g in 12 (Puderrosa)

1 Rundstricknadel Nr. 6
1 Wollnähnadel um die Fäden zu vernähen

Maschenprobe
mit Nadeln Nr. 6 kraus rechts gestrickt : 12 Maschen in der Breite und 22 Maschen in der Höhe ergeben 10x10 cm.
Da das Gestrick durch die dickeren Nadeln sehr locker und dehnbar wird, ist die Maschenprobe nur ungefähr. Wichtiger ist, dass das Muster schön locker wird, damit der Schal nachher gut fällt. Falls das bei Ihnen nicht der Fall ist, eine dickere Nadel verwenden.

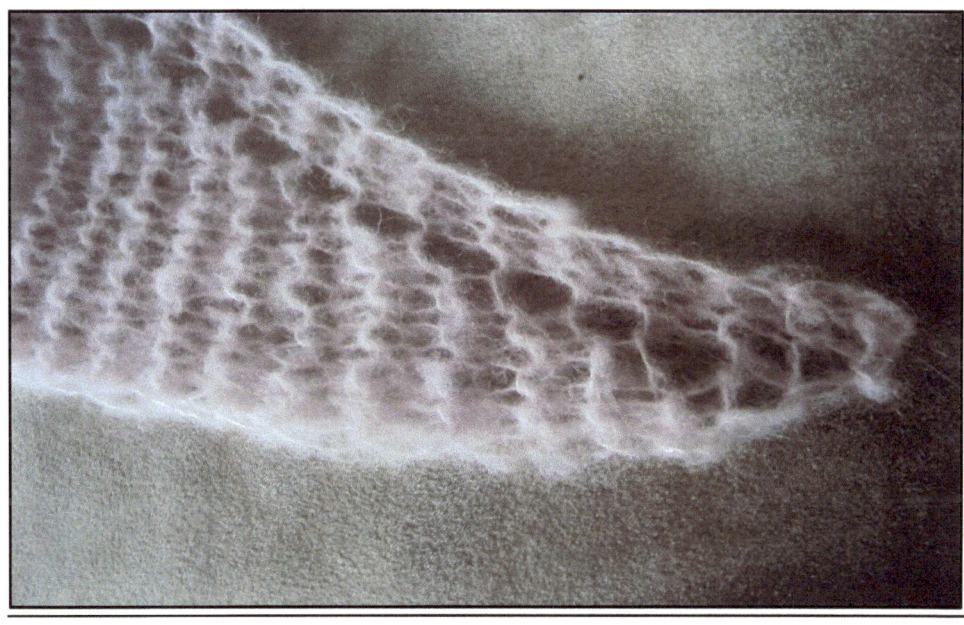

Muster
kraus rechts : Hin- und Rückreihen werden in rechten Maschen gestrickt.

Randmasche
Die 1. Masche jeweils links abheben (Faden liegt nach dem Wenden vor der Arbeit), den Faden hinter die Arbeit führen und weiter rechts stricken. Die letzte Masche der Reihe rechts stricken.

Zunahmen
Die Zunahmen erfolgen in jeder 2. Reihe und nur an einer Seite durch einen Umschlag jeweils nach der Randmasche und 2 Maschen rechts.
Die Umschläge in der nächsten Reihe normal rechts abstricken.
Dadurch entsteht an einer Kante nach dem Rand aus 3 Maschen (Randmasche und 2 Maschen rechts) eine Lochmusterreihe.

Farbwechsel
Der Farbwechsel erfolgt jeweils nach 2 Reihen, den Faden soweit möglich nicht abschneiden, sondern über die 2 Reihen einfach locker hoch führen und weiter stricken, so hat man nachher nicht soviele Fäden zu vernähen. Über mehr als 2 Reihen sollte der Faden allerdings nicht hoch geführt werden.

Anleitung
3 Maschen anschlagen
1. Reihe: rechte Maschen stricken (3 Maschen)
2. Reihe: Randmasche, 1 Maschen rechts, 1 Umschlag, 1 Masche rechts (4 Maschen)
3. Reihe: Randmasche, rechte Maschen
4.Reihe: Randmasche, 2 Maschen rechts, 1 Umschlag, 1 Masche rechts (5 Maschen)
5. Reihe: Randmasche, rechte Maschen
6.Reihe: Randmasche, 2 Maschen rechts, 1 Umschlag, 2 Maschen rechts (6 Maschen)
7. Reihe: Randmasche,rechte Maschen
8. Reihe: Randmasche, 2 Maschen rechts,1 Umschlag,3 Maschen rechts (7 Maschen)

Sinngmäß immer so weiter stricken in folgender Streifenfolge:

84 Reihen in Rosa
3 x abwechselnd je 2 Reihen Grau /2 Reihen Rosa
52 Reihen Grau
3 x abwechselnd je 2 Reihen Weiß /2 Reihen Grau
32 Reihen Weiß
3 x abwechselnd je 2 Reihen Rosa / 2 Reihen Weiß
16 Reihen Rosa
3 x abwechselnd je 2 Reihen Grau /2 Reihen Rosa
14 Reihen Grau
2 Reihen Weiß
2 Reihen Grau
2 Reihen Weiß
2 Reihen Grau
2 Reihe Rosa
2 Reihe Grau
10 Reihen Weiß

Alle Maschen locker abketten und die Fäden seitlich in den Randmaschen vernähen.

Kapuzenschal mit Zopfmuster

Material

200 g Geisha von VLNAP
65 % Modacryl 20 % Wolle 15 % Mohair in Grau (Farbnummer 14807)
Lauflänge 139 m /50g
1 Paar Stricknadeln Nr. 7
1 Zopfhilfsnadel
1 Wollnähnadel um die Fäden zu vernähen

Der Schal wird ca 33 cm breit und insgesamt mit Kapuze 245 cm lang.

Maschenprobe:
im doppelten Perlmuster ergeben 14 Machen in der Breite und 16 Maschen in der Höhe 10 / 10 cm

Doppeltes Perlmuster:
1 Masche rechts und 1 Masche links im Wechsel stricken, in der Rückreihe die Maschen stricken, wie sie erscheinen, also die rechten Maschen links und die linken Maschen rechts. In der nächsten Hinreihe das Muster versetzen, d.h. die rechten Maschen links und die linken Maschen rechts stricken. In der Rückreihe die Maschen wieder stricken wie sie erscheinen. Diese vier Reihen immer wiederholen.

Kraus Links:
In der Hinreihe die Maschen links und in der Rückreihe die Maschen rechts stricken.

Zopfmuster:
Die zehn Maschen des Zopfmusters in den Hinreihen rechts, in den Rückreihen links stricken. In der elften Reihe die Maschen verzopfen. Dafür die ersten 5 Maschen auf die Zopfhilfsnadel nehmen und vor die Arbeit legen, die folgenden 5 Maschen rechts stricken und dann die Maschen der Hilfsnadel rechts stricken.
Diese 11 Reihen fortlaufend wiederholen.

Anleitung:
46 Maschen mit Nadeln Nr. 7 anschlagen und wie folgt einteilen:

15 Maschen doppeltes Perlmuster, 3 Maschen kraus links, 10 Maschen Zopfmuster, 3 Maschen kraus links, 15 Maschen doppeltes Perlmuster.

So stricken bis 100 cm Höhe erreicht sind. Dann für die vordere Kapuzenblende innerhalb des Perlmuster 10 Maschen aufnehmen, indem man nach jeder Masche eine Masche rechts verschränkt aus dem Querfaden zunimmt.

Die ersten 10 Maschen werden jetzt im Zopfmuster gestrickt, dann 15 Maschen Perlmuster, alles andere bleibt gleich.

Die Kapuze insgesamt 45 cm hoch stricken, dann die vorderen Maschen des Zopfmusters wieder abnehmen, indem man 10 x je zwei Maschen zusammen strickt. Nun den restlichen Schal weiter stricken bis insgesamt 245 cm erreicht sind.

Die hintere Naht der Kapuze von links mit Überwendlingsstichen zusammen nähen und die restlichen Fäden vernähen.

Stulpen

Diese Stulpen sind aus einem Garn mit sehr langem Farbverlauf gearbeitet. Sie fallen
von der Farbe her total unterschiedlich aus und passen doch zusammen.
Die Stulpen werden ca. 21 cm hoch und 9 cm breit.

Material

100 g Drops Big Delight Farbe 14 (Himbeerkuchen)
100 % Wolle
Lauflänge 190 m / 100g
1 Nadelspiel Nr. 5

Maschenprobe: 17 Maschen / 22 Reihen = 10 / 10 cm

Anleitung

32 Maschen mit Nadeln Nr. 5 anschlagen und auf 4 Nadeln verteilen, das sind 8 Maschen je Nadel und zur Runde schließen.

Für das Bündchen abwechselnd 1 Masche rechts und 1 Masche links stricken bis 7 cm Höhe.

1 Runde linke Maschen stricken
1 Lochmusterreihe: abwechselnd 1 Umschlag, 2 Maschen rechts zusammen stricken.
1 Runde links stricken.

Weiter rechte Maschen stricken.

Daumenspickel

Nach 3,5 cm ab Bund mit dem Daumenspickel beginnen.
Von der 1. Nadel 1 Masche stricken, dann vor und nach der folgenden Masche je 1 Masche rechts verschränkt aus dem Querfaden herausstricken.
1 Runde ohne Zunahme stricken.

So noch 4 x zunehmen, jeweils mit einer Runde ohne Zunahme dazwischen.
Nach der letzten Zunahme noch 2 Runden ohne Zunahme stricken und die 11 Maschen für den Daumen stilllegen.
Dies geht z.B. auf einer Zopfnadel, einer großen Sicherheitsnadel, einem speziellen Maschenraffer oder einfach auf einem Faden.

Über den stillgelegten Maschen 1 Masche dazu anschlagen, jetzt sind wieder 32 Maschen auf den Nadeln.

In 19 cm Gesamthöhe eine Runde links stricken und danach mit dem oberen Bündchen beginnen. Dafür 1 Masche rechts und eine Masche links stricken, nach 2 cm Bündchen die Maschen abketten.

Daumen

Nun den Daumen arbeiten. Dafür einen neuen Faden anschlingen, das Ende lang lassen, hiermit kann man später eventuell entstehende Löcher am Daumenansatz zunähen.

Die stillgelegten Maschen auf die Nadeln nehmen.

Für den Daumen rechts und links der zugenommenen Masche, sowie aus den seitlichen Maschengliedern je eine Masche rechts verschränkt aufnehmen. (Da wo auf dem Bild die Stecknadelköpfe stecken). Den Faden hierbei etwas fester anziehen, damit keine Löcher entstehen.

Insgesamt sind jetzt 15 Maschen für den Daumen auf den Nadeln. Die Maschen auf 3 Nadel verteilen (5 je Nadel) und in Runden 3 cm stricken.

Dann 2 Maschen rechts zusammenstricken und weiter im Bündchenmuster stricken (14 Maschen). In 2 cm Höhe die Maschen abketten.

Denn zweiten Stulpen genauso stricken.
Zum Schluß alle Fäden vernähen.

Fausthandschuhe

Wer die Stulpen stricken kann, schafft bestimmt auch diese einfachen Fausthand-
schuhe. Die sind noch wärmer als Stulpen und umso nützlicher, zum Beispiel bei
einem Spaziergang im eisigen Winter.
Die Handschuhe werden ca. 21 cm hoch und 9 cm breit.

Material
100 g Drops Big Delight Farbe 11 Lava
100 % Wolle
Lauflänge 190 m / 100g
1 Nadelspiel Nr. 5

1 Wollnähnadel um die Fäden zu vernähen

Maschenprobe: 17 Maschen / 22 Reihen = 10 / 10 cm

Anleitung

32 Maschen mit Nadeln Nr. 5 anschlagen und auf 4 Nadeln verteilen, das sind 8 Maschen je Nadel und zur Runde schließen.

Für das Bündchen abwechselnd 2 Maschen rechts und 2 Maschen links stricken bis 7 cm Höhe.

Weiter rechte Maschen stricken.

Daumenspickel

Nach 3,5 cm ab Bündchen mit dem Daumenspickel beginnen.

Von der 1. Nadel 1 Masche stricken, dann vor und nach der folgenden Masche je 1 Masche rechts verschränkt aus dem Querfaden herausstricken.

1 Runde ohne Zunahme stricken.

So noch 4 x am Beginn der Runde zunehmen und zwar vor bzw. nach der zuletzt zugenommenen Masche.

Jeweils nach der Runde mit Zunahme eine Runde ohne Zunahme stricken.

Nach der letzten Zunahme noch 2 Runden ohne Zunahme stricken und die 11 Maschen für den Daumen stilllegen.

Dies geht z.B. auf einer Zopfnadel, einer großen Sicherheitsnadel, einem speziellen Maschenraffer oder einfach auf einem Faden.

Über den stillgelegten Maschen 1 Masche dazu anschlagen, jetzt sind wieder 32 Maschen auf den Nadeln.

Glatt rechts hochstricken bis zum kleinen Finger, das sind bei mir 14 cm ab Bündchen (am besten anprobieren). Dann mit den Abnahmen beginnen.

Bei der 1. Nadel 1 Masche stricken und die nächsten beiden Maschen rechts zusammen stricken.

Dann bis zum Ende der 2 Nadel stricken und hier die 6. und 7. Masche zusammenstricken.

Bei der 3. Nadel wieder die 2. und 3. Masche, bei der 4. Nadel die 6. und 7. Masche zusammenstricken.

Die nächste Runde ohne Abnahmen arbeiten.

Dann wieder jeweils nach der 1. bzw. vor der letzten Masche 2 Maschen rechts zusammen stricken wie oben beschrieben. (Insgesamt 4 Maschen in der Runde abnehmen)

1 Runde ohne Abnahmen stricken.

So fortfahren bis nur noch 8 Maschen übrig sind, Faden nicht zu kurz abschneiden und durch diese letzten Maschen ziehen und den Faden vernähen.

Daumen

Nun den Daumen arbeiten. Dafür einen neuen Faden anschlingen, das Ende lang lassen, hiermit kann man später eventuell entstehende Löcher am Daumenansatz zunähen.

Die stillgelegten Maschen auf die Nadeln nehmen.

Für den Daumen rechts und links der zugenommenen Masche sowie aus den seitlichen Maschengliedern je eine Masche rechts verschränkt aufnehmen. (Da wo auf dem Bild ((siehe Bild Stulpen S. 109)) die Stecknadeln stecken). Den Faden hierbei etwas fester anziehen, damit keine Löcher entstehen.

Insgesamt sind jetzt 15 Maschen für den Daumen auf den Nadeln.

Die Maschen auf 3 Nadel verteilen (5 je Nadel) und in Runden 5 cm stricken.

2 Maschen rechts zusammenstricken, 2 Maschen stricken und wieder 2 Maschen zusammen stricken, so fortfahren bis ans Ende der Reihe.

In der nächsten Reihe nur 1 Masche zwischen den Abnahmen stricken und in der 3. Reihe keine Maschen mehr zwischen den Abnahmen stricken.

Den Faden abschneiden und mit der Wollnähnadel durch die letzten Maschen ziehen und vernähen.

Denn zweiten Handschuh genauso stricken.

Zum Schluß alle Fäden vernähen.

Notizen

Notizen